U0476090

丛书策划

中国博物馆协会文学博物馆专业委员会

专家委员会

王秀涛　乐　融　刘东方　周立民　黄乔生　傅光明

文学时空漫步

前海西街18号
——郭沫若故居漫步

李 斌 著

中国书籍出版社
China Book Press

图书在版编目（CIP）数据

前海西街18号：郭沫若故居漫步 / 李斌著. -- 北京：中国书籍出版社, 2024.8

ISBN 978-7-5068-8794-6

Ⅰ. K878.24

中国国家版本馆CIP数据核字第2024AH9698号

前海西街18号：郭沫若故居漫步

李　斌　著

图书策划	武　斌
责任编辑	武　斌　成晓春
责任印制	孙马飞　马　芝
封面设计	东方美迪
出版发行	中国书籍出版社
地　　址	北京市丰台区三路居路97号（邮编：100073）
电　　话	（010）52257143（总编室）　　（010）52257140（发行部）
电子邮箱	eo@chinabp.com.cn
经　　销	全国新华书店
印　　厂	北京睿和名扬印刷有限公司
开　　本	787毫米×1092毫米　1/32
字　　数	242千字
印　　张	9
版　　次	2024年8月第1版
印　　次	2024年8月第1次印刷
书　　号	ISBN 978-7-5068-8794-6
定　　价	68.00元

版权所有　翻印必究

目录

前海西街18号的前世今生 / 001

四时佳色永如新——馆景一瞥 / 021

四个原状陈列与五个常设展厅 / 047

气度雍容格调高 / 077

革命前驱辅弱才 / 101

抱石作画别具风格 / 125

前海西街18号的女主人 / 143

昂首天外的新诗人 / 167

沧海遗粟 / 187

文章翻案有新篇 / 209

发展了科学事业 / 235

保卫世界和平 / 257

后记 / 277

前海西街18号的前世今生

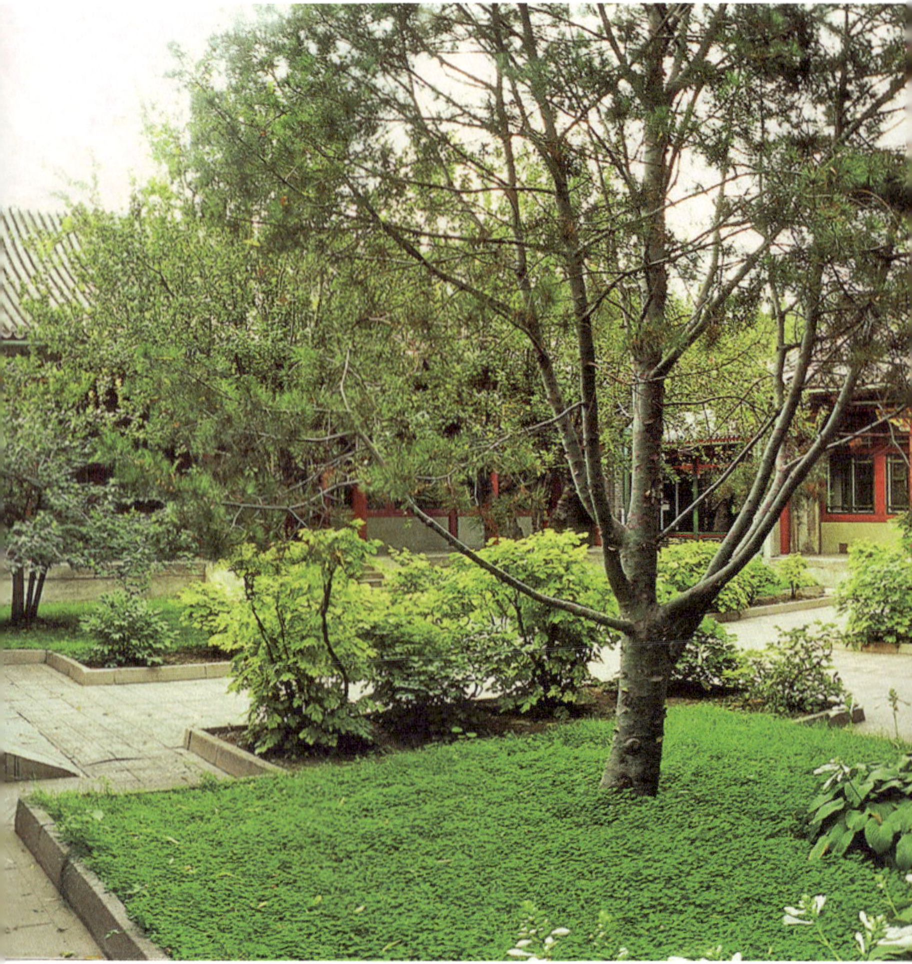

郭沫若纪念馆四合院

郭沫若故居

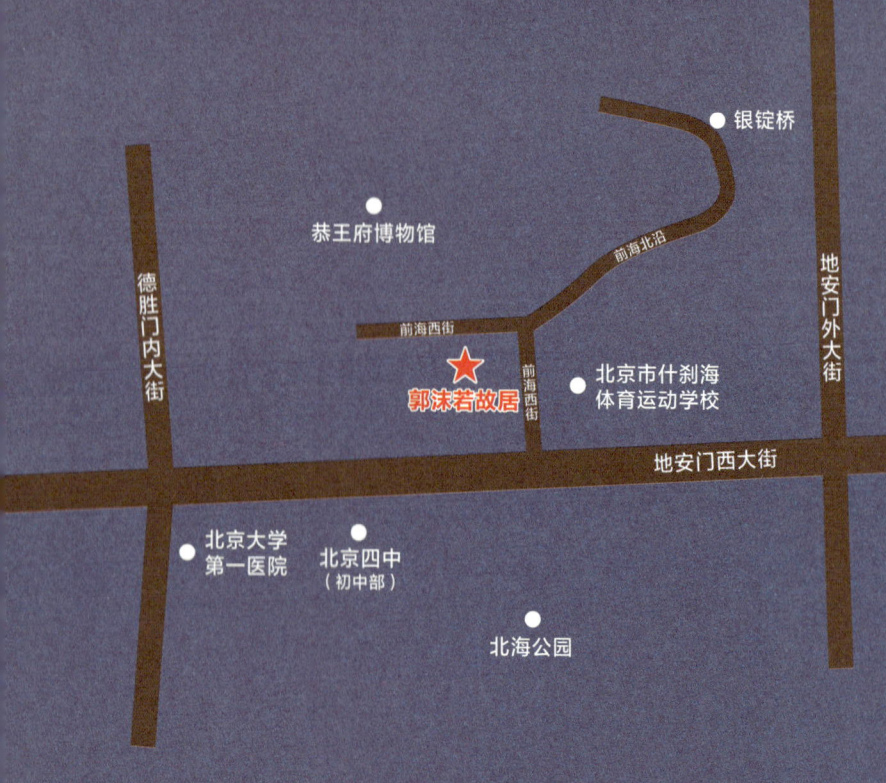

地图标注

- 银锭桥
- 恭王府博物馆
- 前海北沿
- 前海西街
- 北京市什刹海体育运动学校
- 德胜门内大街
- 地安门外大街
- 地安门西大街
- 北京大学第一医院
- 北京四中（初中部）
- 北海公园

■ 郭沫若纪念馆所在地

一

位于北京市西城区前海西街18号的郭沫若故居（即郭沫若纪念馆）北邻恭王府，东北方向是前海，东邻地安门，南邻北海公园，是北京胡同游的必经之地。如今纪念馆门口满满停着一大街的人力车，吆喝着接待游客。

什刹海是北京人的后花园，由北边的后海和南边的前海组成，两海之间以银锭桥连接。站在银锭桥头北望，如果天气好的话，可见西山，这就是著名的燕京小八景之一：银锭观山。沿着前海北沿往西南方向走，经过会贤堂和荷花市场西口，一直走到丁字路口，往西是前海西街17号，这是恭王府的南门，往南也是前海西街，街道东边是什刹海体校，这是世界冠军的摇篮；街道西边是前海西街18号，这就是郭沫若故居的所在地了。

郭沫若故居再往南，是香港驻京办，香港驻京办南边是地安门西大街。穿过地安门西大街，朝西走，是北京最好的中学之一——北京四中，再往西，是北京大学第一医院；东边是北海北门，再往东，就是当年的地安门所在地。老北京的街道和建筑十分对称，有东直门，必有西直门，有左安门，必有右安门。跟天安门南北对应的是地安门。只是地安门早就拆除，如今空留地名罢了。

郭沫若纪念馆占地面积7000平方米，建筑面积2280平方米（不包括新建的西院），是一处深宅大院。

春秋战国时期，燕昭王为了招贤纳士，曾设黄金台，后人把黄金台所在地称为礼贤乡。礼贤乡在蓟县所属22乡之中，面积较大。如今的郭沫若纪念馆所在地，就属于当年的礼贤乡。北京在唐代名为幽州,州城在今宣武门一带。幽州包括东部的蓟县和西部的幽都县。今天的前海西街属于当年的幽都县下属的龙道村。什刹海就在当年的高粱河故道。在辽、金时期,这里属城外;直到元代才被纳入城内,龙道村的村名也就不复存在。

清代同治年间,恭亲王奕䜣入住恭王府,这里成为恭王府的一部分。但这里已经找不到多少当年的遗迹。唯有院子的西南角有一口古井,相传是当年遗物。这口古井乐家曾经使用过,但早已废弃。直到 2000 年,郭沫若故居将供暖方式由燃煤改为燃气的过程中方将其修复,作为这座四合院变迁的见证。

郭沫若故居大门照片

1925年前后，恭亲王后人将这处地方卖给天津乐达仁堂。乐达仁堂将这里改建成中西合璧的建筑。如今在郭沫若故居院墙东南角和千竿胡同交界的地方，还能看到"乐达仁堂界"的石桩。乐达仁堂建筑的中式部分就是现今郭沫若故居中的四合院。里院有正房、左右耳房、东西厢房和连接回廊。后院和里院正房之间，由暖廊连接。当年乐达仁堂建四合院时十分用心，主人将打地基挖出来的土堆在院子里，成为两座假山。20世纪70年代，假山下挖防空洞，山上栽种松柏。如今松柏成荫，风景宜人。

▌乐达仁堂界石

1949年后，乐达仁堂将这座院子捐献给国家。1950—1956年，这座院子曾作为蒙古国驻华大使馆。1956—1963年间，宋庆龄在此居住。1963年11月，这座院子迎来了它的新主人：身兼全国人大常委会副委员长、全国政协副主席、全国文联主席、中国科学院院长等多个职务的郭沫若。

郭沫若带着夫人于立群，孩子郭汉英、郭庶英、郭世英、郭民英、

郭沫若纪念馆垂花门

郭平英、郭建英住进来了。这里从此成为他们工作和生活的地方。孩子们在进入屋子之前，于立群就在里院过道中拦住他们说："这不是我们的家，这是工作需要，随时都可以搬出去。"

里院正房面阔五间，东侧两间为办公室，西侧三间为客厅。东耳房是卧室，西耳房是接待来宾时使用的备茶间。里院东厢房是秘书办公的地方，有时候也做小型会议室用。当年这个房间里正中一张乒乓球台子，平时放着大量的报刊杂志、群众来信；开会时便是会议桌，不少中国科学院学部委员曾在这里开会议事；时而也兼作书案，铺纸挥毫。里院西厢房是孩子们住的地方。后罩房是于立群和部分孩子们生活和工作的地方。中间一间是她的工作室，也是一家人娱乐休息的地方，被称为"妈妈屋"。四合院的西边有凹字形的三排平房，如今也改建成四合院了。

郭沫若在这院子里一住就是15年。"文化大革命"期间，江青曾邀郭沫若到钓鱼台居住，但郭沫若婉拒了。郭沫若在这座院子里参与国务活动和社会活动，写作诗歌，创作《李白与杜甫》、翻译《英诗译稿》等重要著作。

二

1978年6月12日，郭沫若逝世。中共中央十分重视。在郭沫若病重期间，华国锋等中央领导人曾到医院探望。郭沫若逝世后，中共中央在人民大会堂隆重召开追悼会，追悼会由叶剑英主持，邓小平致悼词、评价郭沫若是"为共产主义事业奋斗终身的坚贞不渝的革命家和卓越的无产阶级文化战士"。

邓小平在郭沫若追悼会上致悼词

6月中旬，郭沫若夫人于立群向代表全国人大常委会和国务院前来探望的乌兰夫和方毅提出，希望有关方面组织人力整理、保护郭沫若生前留下的文稿等文献资料。7月，科学家茅以升向于立群提议整理出版郭沫若的全部著作，于立群随即向齐燕铭、周扬转达了这个建议。

8月9日，中国社会科学院党组将《关于成立〈郭沫若文集〉编辑出版委员会的请示报告》提交中共中央宣传部并报党中央。

报告就成立《郭沫若文集》编辑出版委员会的任务、成员名单提出了建议。叶剑英、邓小平、李先念、汪东兴四位中央副主席批阅同意。10月27日，郭沫若著作编辑出版委员会在北京正式成立。

郭沫若著作编辑出版编委会的任务是在1985年前出齐《郭沫若全集》38卷，1985年后陆续出版已经发表但未成集的文稿以及日记、书信、译著等近20卷。由于郭沫若著作涉及领域十分宽广，《郭沫若全集》的编撰是众多学科领域的专家合作的结果。编委会副主任石西民在《向编委会第二次会议的工作汇报》中说：《全集》的编辑工作，主要依靠中国社会科学院文学、历史、考古三个研究所和人民文学、人民、科学三个出版社以及高等院校等共同协作完成。

1978年11月14日，中国社会科学院党组将《关于郭沫若著作编辑出版委员会和筹建郭沫若纪念馆的请示》报中共中央宣传部并报中共中央。请示指出，在1978年10月27日的郭沫若著作编辑出版

▍郭沫若纪念馆西院1

委员会第一次会议上，很多同志建议筹建郭沫若纪念馆，馆址设在郭沫若故居，并提出争取在1979年开馆，筹建工作由编委会暂时负责。

1979年1月20日，中国社会科学院党组向中共中央报送《关于成立郭沫若纪念馆的请示报告》，报告明确建议郭沫若纪念馆的建制属于中国社会科学院。

1979年2月，郭沫若夫人于立群逝世。4月，郭沫若著作编辑出版委员会办公室由中国社会科学院迁入前海西街18号。

1981年6月9日，中国社会科学院党委书记办公会议听取了石西民的汇报，并讨论了郭沫若纪念馆建馆问题。会议认为，筹建郭沫若纪念馆困难较多，矛盾不少，为了集中精力搞好郭沫若著作编辑出版工作，郭沫若纪念馆建馆暂缓进行。7月11日，石西民向中国社会科学院周扬、梅益、宦乡、马洪等领导提交报告。报告认为，6月9日会议有关郭沫若纪念馆讨论时间太短，有的问题没有充分展开，他本人的汇报又没有条理，这些都可能影响党委的决定。石西民提出，编辑出版《郭沫若全集》与筹备建立郭沫若纪念馆并不矛盾。

1981年12月6日，郭沫若著作编辑出版委员会在北京举行第二次会议。李一氓、钱三强、魏传统、林林、冯至、林默涵、夏衍等委员在发言中认为，筹建郭沫若纪念馆是必要的。周扬在总结发言中作了肯定的答复。《郭沫若著作编辑出版委员会简报》第1期写道："委员们在发言中，纷纷强调郭沫若纪念馆（公开拟称'郭沫若故居'）不是一般的纪念机构，而是保存郭老手迹、遗稿、存书，成为郭沫若的研究中心，并对青年一代进行教育，意义十分重大。

郭沫若纪念馆西院 2

因此，应向中央报告，郭馆的筹备工作要加紧进行，并建议在明年郭老九十诞辰时开放。"

1981年底，郭沫若著作编辑出版委员会向中国社会科学院党委提交报告，报告"综合各方面的意见"，认为建立郭沫若纪念馆十分必要：

一、郭沫若同志是我国杰出的作家、诗人和戏剧家，又是马克思主义的历史学家和古文字学家。他在哲学社会科学的许多领域，包括文学、艺术、哲学、历史学、考古学、金文甲骨文研究，以及马克思主义理论著作和外国进步文艺的翻译介绍等方面，都有重要建树，是我国现代文化史上一位学识渊博、贡献重大的著名学者，在国内外享有很高的威望。因此，利用其生前住宅成立纪念馆（或故居），有利于搞好精神文明，也符合世界各国尊重文化名人的通例，与党中央决定的不为政治名人搞纪念馆有所区别。

二、郭老遗留下来的文物资料确实丰富，具备成立纪念馆或故居的充足条件。如果停止筹备，故居的房子就要移作他用，文物资料可能会分散或遗失，将来再想恢复和集中就不容易了。而这些文物资料，在研究五四以来新文化史上具有重要的价值。

三、鲁迅在全国已有五个纪念馆。被称为"继鲁迅之后又一面光辉旗帜"的郭老，成立一个纪念馆或故居，也是应该的。

四、郭老在日本的故居，已被日本国市川市保存和开放，作为纪念设施。作为郭老故乡的中国，如能保存开放郭老在北京的住所，对开展国际文化交流和友好往来，将产生良好的影响。目前日本人来京，要参观郭老故居，外事部门就托辞拒绝，但长久这样是说不过去的。

五、现在国内外关于郭沫若学术研究活动相当活跃，要求成立郭沫若纪念馆的呼声也很普遍。为适应这一形势，郭沫若纪念馆或故居，应逐步成为郭沫若资料中心和研究中心。

为此，建议院党委再研究一次，如果同意，请报中央就筹备郭沫若纪念馆（或故居）问题再作明确的批示。如中央同意，提请中央任命馆长，同时请院党委选调三个同志具体负责此项工作。

中国社会科学院据此上报中央书记处。1982年1月28日，中央书记处第147次会议"同意把郭沫若同志的住地搞成故居"。

1982年6月，郭沫若著作编辑出版委员会办公室经请示周扬、石西民，并和中国社会科学院人事局协商后，致函中国社会科学院机构改革办公室并报院党组，提出郭沫若著作编委会办公室和郭沫若故居办公室的机构调整方案。该函认为："现状是故居的筹备工作由郭编办公室承担，对外两块牌子，实际一套人马。这样，既符合精简原则，又可避免产生矛盾，应该继续。""为与各方联系工作的方便，建议办公室为所级机构，下设业务、行政两个组（为处级机构）。业务组负责和编委会及郭老生前友好的联系，协调《全集》的编辑、出版，筹备编印《郭沫若研究资料》，筹备'郭沫若研究会'，文物资料的征集、整理和保管等工作；行政组负责人事、保卫、财务、采购和保管、修缮、服务（如司机、通讯员、水暖工、花工、清洁工）等工作。""院部原批准郭编办公室的编制为二十人，现在实有十九人。根据成立故居等新任务，办公室1982年的编制，

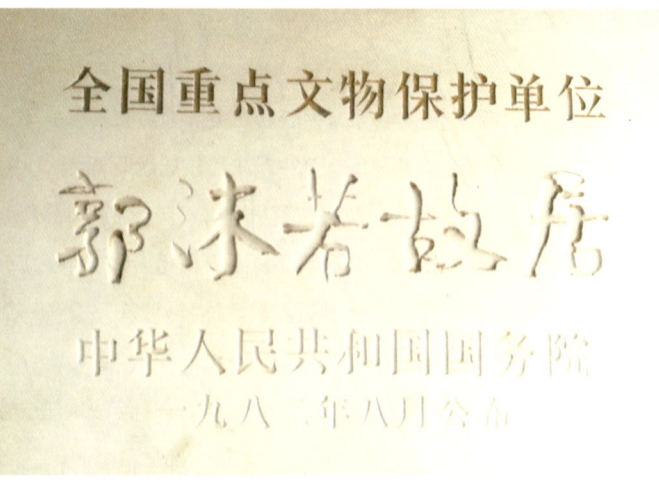

全国重点文物保护单位牌照

邓颖超题"郭沫若故居"

参照鲁迅博物馆（47人，不包括鲁迅研究室人员）、宋庆龄故居（50人，不包括两个班的警卫战士）的情况，力求精简，拟定为35人。"中国社会科学院党委会于当年10月讨论了这个报告，会议批准郭沫若著作编辑出版委员会和郭沫若故居合设一个办公室，下设业务、行政两组。

　　1982年8月，国务院批准郭沫若故居为全国重点文物保护单位。9月，邓颖超、成仿吾、李一氓分别为郭沫若故居题写匾额。11月2日，周扬约请郭沫若生前友好及郭沫若子女郭汉英、郭平英等商谈，提出郭沫若故居应于郭沫若90周年诞辰当天揭幕开放，今后应该把郭沫若故居和郭沫若著作编辑出版委员会逐步办成郭沫若研究的资料中心、研究中心、宣传中心。

　　1982年11月16日，郭沫若诞辰90周年，郭沫若故居正式挂牌。《纪念郭沫若诞生90周年活动纪实》这份内部材料写道："十六日上午，北京市前海西街十八号的郭沫若故居隆重揭幕。邓颖超题写的'郭沫若故居'匾额悬挂在修饰一新的朱红大门上方。中共中央政治局委员方毅在热烈的掌声中揭开披在匾额上的绛色丝绒。中共中央书记处书记邓力群、人大委员会副委员长朱学范等领导同志和首都各界代表二百多人参加了揭幕仪式。"

1985年,中国社会科学院报中宣部,拟将郭沫若故居和郭沫若编辑出版委员会分开。郭沫若故居的隶属关系从中国社会科学院交出去;郭沫若著作编辑出版委员会迁回院部,仍归中国社会科学院领导。中宣部同意这个方案。但后来并未执行。

1988年4月,郭沫若子女搬出故居后,郭沫若故居的修缮工程开始。这次修缮,打通了东、西厢房及后罩房东屋的内隔墙,改成陈列室;将郭沫若生前所用的餐厅和厨房改为接待室、打字室,并修整了古建部分的石阶及地面。6月12日,在郭沫若逝世十周年这一天,郭沫若故居正式对外开放。当时共设置了8个展室:郭沫若办公室、卧室、客厅和于立群写字间等4个原状陈列室,3个生平展室和一个专题陈列室。展出面积约400平方米。

1993年4月,郭沫若著作编辑出版委员会办公室提出《郭著编委会、郭沫若故居关于改革的设想》。设想提出:郭著编委会和郭沫若故居对外仍然是两块牌子,内部实体可在适当时候,从郭编办公室转为郭沫若故居(或更名为郭沫若博物馆),并定为所局级,编辑出版的实际工作由郭沫若故居(或郭沫若博物馆)的研究室承担。这一设想影响到至今的郭沫若纪念馆基本格局。

1994年7月,中国社会科学院院务会议决定将郭沫若著作编辑出版委员会暨郭沫若故居改为郭沫若纪念馆。2002年,中国社会科学院党组决定,历史研究所与郭沫若纪念馆合并,一个机构两块牌子,

保留郭沫若纪念馆独立法人资格。2013年9月，中国社会科学院将郭沫若纪念馆从历史研究所分离管理，参照院直属单位对待。2021年，郭沫若纪念馆再次并入古代史研究所（原历史研究所），由所党委统一领导，实行一体化管理。

如今，郭沫若纪念馆是一家带有研究性质的名人故居纪念馆，以周扬的"建立郭沫若研究的研究中心、资料中心、宣传中心"为

| 郭沫若纪念馆馆景

办馆目的,以"研究立馆、人才立馆、管理立馆"为办馆方针。下设办公室、研究室、文物与陈列工作室、公众教育室等四个部门,代管中国郭沫若研究会。负责搜集、整理、保管郭沫若的手稿、信函、书籍及相关文物,开展常设展览及经常性巡展。郭沫若纪念馆以蓬勃的生机、昂扬的意志在名人故居类的博物馆界和郭沫若研究界享有美誉。

四时佳色永如新
——馆景一瞥

成仿吾题郭沫若故居

从地安门西大街拐进前海西街,往北走100米,可以看见路中间一面五米高、九米长的大影壁。影壁的东面原本是房屋建筑,后来为了适应什刹海三轮车胡同游的需要,拓宽街道,东面就成了一条道路。原本不应在路中间的影壁,现在成为竖立街心的隔离墙。影壁朝西的街对面就是郭沫若故居的大门。大门上是邓颖超题写的"郭沫若故居"匾额。两边墙上挂满了"北京市爱国主义教育基地"等牌子。

1982年，郭沫若故居批准成立时，邓颖超、成仿吾、李一氓都题了匾额。

周恩来、邓颖超夫妇和郭沫若一家有着深厚的友谊。郭沫若家的孩子叫周恩来为"好爸爸"，叫邓颖超为"好妈妈"。1941年，郭沫若50岁生日的时候，邓颖超曾发表纪念文章，称赞郭沫若为女性命运呐喊。"他举起锋锐的笔，真理的火，向着中国妇女大众指示出光明之路。他吹起号角，敲起警钟，为中国妇女大众高歌着奋斗之曲。他启示着中国被压迫妇女，不要做羔羊，不要做驯奴，不要甘心定命，更不要任人摆弄，永远沉沦！"[1] 郭沫若晚年，邓颖超多次到前海西街18号探望。由邓颖超题写匾额，再合适不过了。

成仿吾和郭沫若是创造社三鼎足之二，有着终身不渝的深厚友情。他们曾长期并肩战斗，一起写下犀利而充满锐气的文学评论。郭沫若流亡日本期间，成仿吾参加了长征。郭沫若将小说集《豕蹄》献给成仿吾。郭沫若还写了一首长诗《怀 C.F.》表达对成仿吾的思念，以及对自己没有参加长征，没有变成牺牲的蚂蚁而感到遗憾。郭沫若所读的最

---

[1] 邓颖超：《为郭沫若先生创作廿五周年纪念与五秩之庆致祝》，《新华日报》1941年11月16日。

1976年夏,邓颖超到前海西街18号看望郭沫若

后一本书是成仿吾的《长征回忆录》。这本书是他题字的,一直放在床头陪伴着他,直到到他去世。郭沫若逝世后,成仿吾来到前海西街18号的客厅,睹物思人,坐在沙发上失声痛哭。他题写的匾额就挂在会客厅外的屋檐下。

李一氓是郭沫若北伐时期的战友,也是郭沫若加入中国共产党的入党介绍人。郭沫若流亡日本期间,他的《中国古代社会研究》和《甲骨文字研究》就是由李一氓设法在上海出版的。郭沫若逝世后,李一氓称赞说:"在几十年的敌我斗争中,郭沫若没有含糊过。"[1]

从大门进入院子,斜对面是两座假山,一南一北。山不高,种满了松柏和各种花草。假山上有凉亭,当年郭沫若曾在这个凉亭接待来访的青年学生。北京大学中文系严锡德教授回忆说,当初他和几位同学为了研究现代文学,径直到郭沫若家拜访。郭沫若将他们迎到假山上,坐在凉亭中,耐心地和他们聊了一下午。

假山上有一种特别的植物二月兰。当初郭沫若的孩子们在颐和园采摘二月兰,带回家吃。据郭庶英回忆:"我们试吃了'二月兰'以后,大家一致认为它是野菜中的佳品。味道清香,口感柔绵,介乎于豌豆尖和菜心之间。每当大家去散步时,都要采些回来,最好是采花蕾尚没开放的部分,当你掐取它的顶部,它还会长出侧芽。后来为了食用方便,索性引些种子在园内种上了。春天来临当新鲜青菜还没上市时,它便成为了家中自食和用来迎客的郭氏推荐菜了,许多人吃了都说好吃。"[2] 如今,每到春天,二月兰总是郁郁葱葱。

---

[1] 李一氓:《正确评价郭沫若同志》,《郭沫若研究》(学术座谈会专辑),大众文艺出版社,1984年,第21页。
[2] 郭庶英:《我的父亲郭沫若》,辽宁人民出版社,2004年,第222页。

郭沫若在《百花齐放》中曾这样歌颂二月兰：

> 请不用在《群芳谱》中去作检点，
> 我们是野生在阴湿的偏僻地面。
> 素朴的人们倒肯和我们打交道，
> 把我们的嫩苔摘去很可以佐餐。
>
> 既不要人们花费任何劳力来栽，
> 也不要人们花费任何金钱去买；
> 只要你们敢于放下一点儿身分，
> 今年采过，包管你们明年会再来。[1]

说到二月兰，我们稍微谈谈郭沫若的饮食习惯。他食量很大。1955年在日本访问期间，有次用餐时一口气吃了五屉荞麦面，让陪同的日本学者惊叹不已。但郭沫若很节俭。当年国管局为他配了倒班的厨师，厨师为了菜肴的精美可口，专挑精华，于是很多可以吃的部分都被舍弃了。郭沫若从地上捡起这些被舍弃的部分说：这还是可以吃的嘛。郭沫若节俭的习惯也传给了他的后人。我和他的女儿郭庶英、郭平英有过多次接触，他们从不浪费一粒粮食。

假山上的树木陪同郭沫若一起走过了十多个春秋，见证了郭沫若的最后岁月。现在，它们都被列入文物局的保护名单，不能随便移动。为了游客的安全起见，假山上挂起了"游客止步"的牌子。

---

[1] 郭沫若《二月蓝》，《郭沫若全集·文学编》（第3卷），人民文学出版社，1983年，第152页。

假山下是防空洞,20世纪60—70年代初中苏关系紧张时挖的。

进门后沿着北假山东边的路往北走,右手边是三棵银杏树。其中最南边那棵最小,叫作"妈妈树"。1954年,郭沫若一家还在大院胡同时,于立群病重,郭沫若带着孩子们从大觉寺将一棵银杏树苗移植到大院胡同,他希望于立群能够像这棵银杏树一样健康起来。后来于立群的身体果然有所恢复。他们全家搬到前海西街18号时,把这棵树也移到这座院子里。在假山的西面,围墙脚下也栽种了数株高大的银杏树。郭沫若纪念馆的银杏树共有十株,每到秋天,银杏叶全变黄了。秋风吹来,银杏叶簌簌落下,铺满院子,黄澄澄很好看。

郭沫若喜欢银杏。抗战时期,重庆乡下的全家院子里有高大的银杏树,郭沫若就是在银杏树下完成了他的《青铜时代》和《十批判书》。他对银杏树特别有感情,1942年,他曾在散文《银杏》中深情地赞美银杏:"你这东方的圣者,你这中国人文的有生命的纪念塔,你是只有中国才有呀,一般人似乎也并不知道。""你是真应该称为中国的国树的呀,我是喜欢你,我特别的喜欢你。""你没有丝毫依阿取容的姿态,而你也并不荒伧;你的美德象音乐一样洋溢八荒,但你也并不骄傲;你的名讳似乎就是'超然',你超在乎一切的草木之上,你超在乎一切之上,但你并不隐遁。"[①]

银杏树下是一片草坪,蹲着两座石狮子,这是郭沫若当年的收藏。石狮子不放在大门口,而放在院子里的草坪上,也体现了郭沫若的个性。

---

① 郭沫若:《银杏》,《郭沫若全集·文学编》(第10卷),人民文学出版社,1985年,第270—271页。

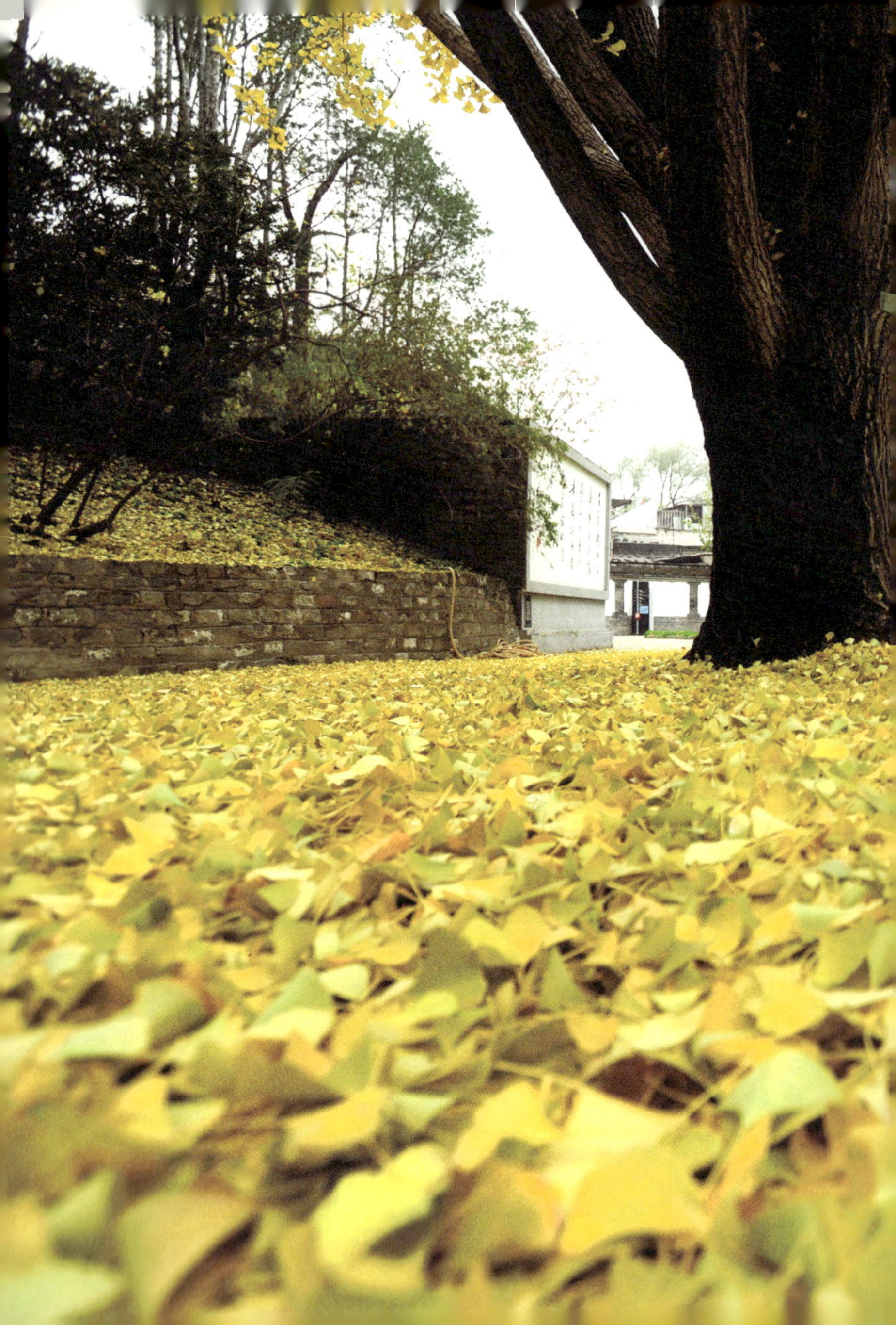

铺满银杏叶的郭沫若纪念馆

在最北面的银杏树下,有郭沫若的青铜坐像。1986年,全国城市雕塑规划小组同意在郭沫若故居院内立一座郭沫若雕像,决定聘请司徒兆光教授担任设计者,刘开渠任艺术质量总监,由中国科学院、中国社会科学院和全国雕塑规划小组共同建造。司徒兆光,1940年生于香港,1966年毕业于苏联列宾美术学院,当年回中央美术学院任教,后担任该院雕塑系教授。《郭沫若》铜像是他的代表作之一。1988年6月12日,在郭沫若逝世10周年这天,郭沫若故居院内进行了盛大的郭沫若铜像揭幕式。仪式由时任中国社会科学院院长胡绳主持,时任国家副主席王震为铜像揭幕,时任中国科学院院长周光召讲话。张光年朗诵了纪念郭沫若的诗作。党和国家领导人胡乔木、方毅、严济慈、雷洁琼、周培源、钱三强、杨成武以及夏衍、阳翰笙、李可染等郭沫若生前好友,坂田信子等国际友人400余人出席。郭庶英代表郭沫若家属,按照于立群的生前愿望,献交了郭沫若的手稿等珍贵文物。

每年郭沫若的诞辰日和祭日,铜像脚下和怀中总是摆满了鲜花。铜像东边是一株白玉兰,每年春天总会盛开大朵大朵的玉兰花。铜像北边是一条小路,两旁和上方的白色架子上爬满了紫藤。每到紫藤花开,从小路下经过,宛如梦中。

院子里的郭沫若铜像

郭沫若散文《银杏》手稿

你挺立着，在太空中高唱着人间胜利的凯歌。

你这东方的圣者，你这中国人文的有生命的化石。

怎么，你是只有中国才有呀，一般人似乎也不知道。

我到过日本，日本也有你，但你分明是日本的华侨；

你侨居在日本大约已有中国的文化侨居在日本的那样久了吧。

你是真应该称为中国的国树的呀，我是喜欢你，

我特别的喜欢你。

銀杏

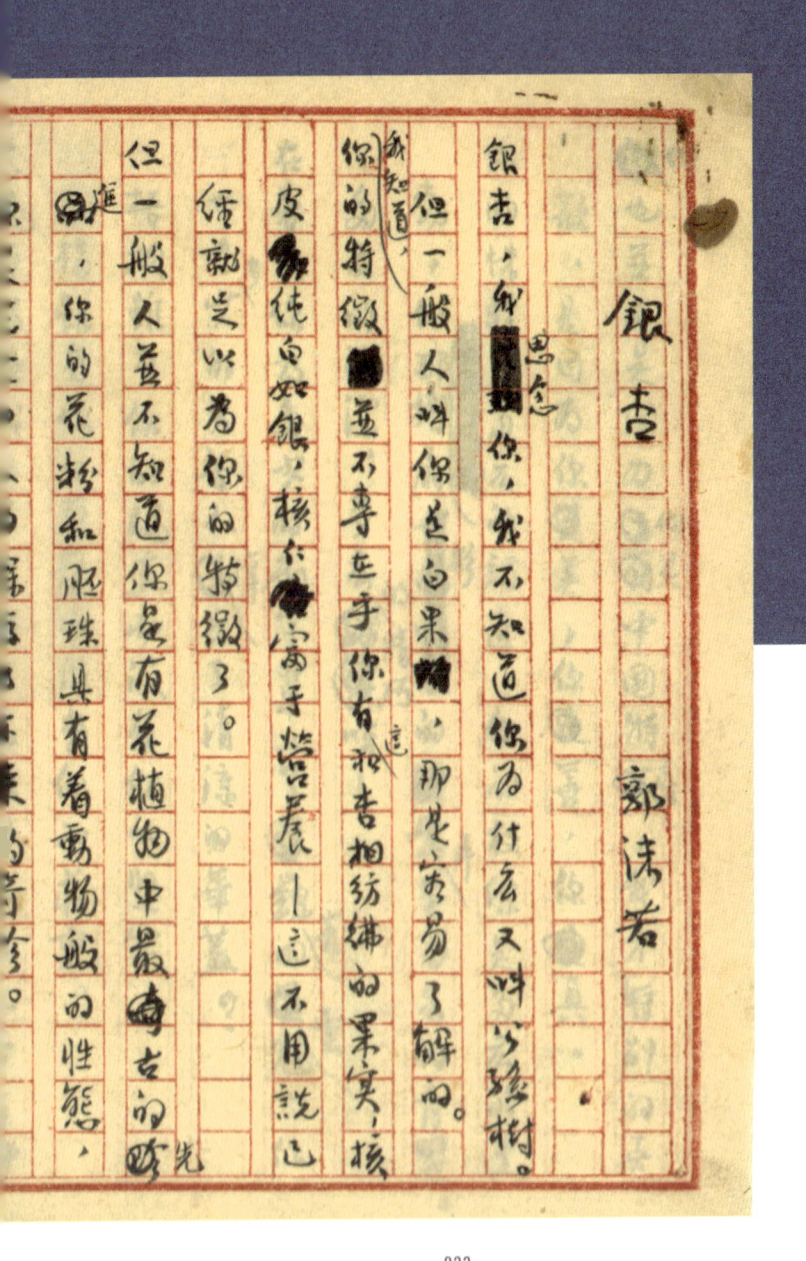

郭沫若

銀杏，我思念你，我不知道你為什麼又叫公孫樹。

但一般人叫你公孫樹，我想益不專在乎你有我公孫相彷彿的果實，核

你的特徵益不盡如此。

你的特徵我知道，純然如銀，核仁富于營養，這不用說。

你多么純真，你的特徵我知道了。

皮多么純如銀，核仁富于營養，這不用說。

儘說是以為你的特徵了。

但一般人並不知道你是有花植物中最尊古的實先

延，你的花粉和孢珠具有着動物般的姿態。

▎郭沫若胸像（王丙召作）

　　郭沫若故居内还有一尊郭沫若胸像，放在里院西北角的通道内。胸像后下方刻着"王丙召33.3"。王丙召，1913年出生，山东人，著名雕塑家，人民英雄纪念碑上第二幅浮雕《金田起义》就是由他雕刻的。"33.3"，即1944年3月，当时郭沫若在重庆，52岁。这尊胸像本是仿青铜色的石膏像，后来郭沫若纪念馆翻制成铜像。它和真人大小相仿，表情特别生动。

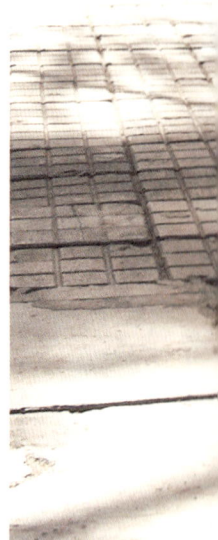

郭沫若纪念馆的铜钟

我曾经看到过不少郭沫若的雕像。在郭沫若的家乡乐山，沙湾镇的大渡河边有一尊五米高的大型铜像。乐山大佛后面有沫若堂，沫若堂前也有一尊郭沫若雕像，高约3米，旁边是一支更高的直指蓝天的花岗石巨笔。重庆的赖家桥建有郭沫若纪念馆，院子里也有一尊郭沫若铜像。中国现代文学馆内有一尊郭沫若立像，一米多高，郭沫若正高举双臂在朗诵诗歌，这像由隋建国作于1999年。20世纪30年代郭沫若在日本流亡期间，结识了日本学者林谦三。郭沫若翻译了林谦三的《隋唐燕乐调研究》，林谦三给郭沫若做了两尊胸像，这在中日文化交流中传为佳话。

在郭沫若铜像的正西方向，也就是北假山的东北侧，是一面白墙。墙上书写着郭沫若的一首诗："百花齐放百鸟鸣，贵在推陈善出新。看罢牡丹看秋菊，四时佳色永如新。""百花齐放、百家争鸣"，是中共中央在1956年提出的文化政策，郭沫若一直拥护和宣传这个政策。1958年，郭沫若曾以《百花齐放》为题出了一本诗集。这里的"百花齐放"也指院子里有很多种花。

诗墙的北边，就是郭沫若生前居住的四合院了。垂花门前有两口铜钟，一左一右，这是郭沫若当年的收藏。左边的那口用阴文刻字，铸造于明末天顺丁丑年，右边的那口用阳文刻字，铸造于乾隆甲子年。他们静静地矗立在那里，和门口的古柏作伴。

穿过垂花门，就来到里院。里院种满了牡丹和秋菊，秋天接连开放，十分妖娆。1977年，85岁高龄的郭沫若坐在院里的牡丹花下照了一幅彩照，面容充满了慈爱。郭沫若曾在《百花齐放》中歌颂牡丹：

郭沫若在牡丹花丛中的照片

郭沫若《牡丹》诗手迹

我们并不是什么"花中之王",
也不曾怀抱过所谓"富贵"之想;
只多谢园艺家们的细心栽培,
使抽出了碧叶千张,比花还强。

尽管被人称为国色与天香,
尽管有什么魏紫或者姚黄;
花开后把花瓣散满了园地,

郭沫若纪念馆的海棠花1

只觉得败坏风光,令人惆怅。①

　　院子里值得观赏的还有海棠花。里院有两株西府海棠,早已高过屋顶,每年四月份是它的花期,这两大树粉白的海棠花和四合院的红墙绿檐相辉映,煞是好看。郭沫若特别喜欢西府海棠,他特意写了一首《西府海棠》:

---

① 郭沫若:《牡丹》,《郭沫若全集·文学编》(第3卷),第71页。

我们的性情倒是比较喜欢热闹,
花团锦簇在太阳光里真是天骄。
千万个蜜蜂们飞到枝头来缭绕,
春之交响乐是我们演奏得最高。

人们或许会说,你是华而不实,
但让蜜蜂们投票就会遭到否决。
优美的艺术可以提高生产热情,
如有不实的繁花,哪儿得来蜂蜜? ①

郭沫若纪念馆的海棠花 2

---

① 郭沫若:《西府海棠》,《郭沫若全集·文学编》(第 3 卷),第 76 页。

▎《百花齐放》荣宝斋1961年版中《二月兰》的插图

▎《百花齐放》荣宝斋1961年版中《西府海棠》的插图

郭沫若纪念馆的牡丹花

043

在郭沫若生前，每到海棠花、牡丹花开时，他总会邀请好友，一起赏花。周恩来、邓颖超、廖承志、张劲夫、胡乔木、华罗庚、夏鼐、刘大年等领导同志和各界好友都曾来过。

在后院有一个长方形的小院子，院子里种有蛇豆。蛇豆长得又粗又长，活像一条蛇。郭沫若十分喜欢蛇豆，他曾经带着日本朋友参观，向他们详细介绍这种植物的习性。郭沫若对于各种花草，不仅十分喜爱，而且很有研究。1962年，他在厦门参观时，工作人员惊叹道："郭老博大精深，自然科学、文学、史学、考古，仿佛世界上的一切学问他无所不知，无所不晓。偶尔谈起窗外的夹竹桃树，他便告诉我们夹竹桃树的枝叶和花有什么与众不同的特点，事后我

蛇豆

郭沫若纪念馆冬日雪景

们仔细一看,果然如此;漫步经过凤凰树下,他便随口说出凤凰木的祖先是出在澳门凤凰山"[①]。

四合院的西边原是凹字形的三排平房,2006年,郭沫若纪念馆将这三排平房改建成雕梁画栋的中式院子,现在成为专题展厅,常年举办各种专题展览和文化活动。西院里也种有西府海棠、龙爪槐等植物,每到花期,这西府海棠开得尤其好看。

郭沫若故居美丽的环境引来了很多诗人作家的歌咏。郭沫若纪念馆原馆长崔民选先生曾在《我们的院子——写在郭沫若故居》中

---

① 杨云:《日光下的怀念——忆郭老在厦门的日子》,《郭沫若闽游诗集》,福建人民出版社,1979年,第56页。

赞美假山上的二月兰："在春的舒醒间／梦幻一般的二月兰／爬满孤傲的小山"；赞美假山上的春桃和路边的柳树："正在萌芽中的春桃／又续前缘／醉逸风中的垂柳／随意飘然"；赞美里院的西府海棠："踏着／年复一年的记忆／这西府海棠／越发豁达慈祥／刚刚还是／含苞待放／诗人流传的气息／正编织着一幅／悠悠然／而此起彼伏的画卷"[1]。而那些不开花的时节，也别有一番风味。青年学者刘奎在文章中写道："从朱红色的大门进去，迎面是一座小山丘，上面满是稀稀疏疏的树林，喧嚣便被挡在了外面。庭院里的树则更为高大，深秋时节，树叶都落尽了，只剩下粗硬的枝干，如硬笔书画，映在天空的蓝底上。几个红透了的柿子，从东北角透出来，让人觉得这到底还是幅水墨，想到郭沫若与国画家傅抱石的交游，这种玄想似乎也不为过。"[2]

---

[1] 崔民选：《我们的院子——在郭沫若故居》，《中国作家》2014年第7期。
[2] 刘奎：《郭沫若故居——白果树下的院子》，《人民日报》2013年12月9日。

四个原状陈列与五个常设展厅

郭沫若纪念馆的四合院是郭沫若生前工作和居住的场所，郭沫若去世后逐渐开辟为展区。

四合院内现在的常设展览是2012年郭沫若诞辰120周年时重新布置的，包括四个原状陈列室和五个常设展厅。四个原状陈列室即里院正房的会客室、办公室、卧室，以及后罩房正中间的"妈妈屋"。五个常设展厅从里院的东厢房开始，至后罩房的最西侧展厅结束，依次展示郭沫若的生平经历和贡献。

郭沫若纪念馆四合院前院

一

东厢房是当年郭沫若秘书的办公室，有时也兼做小型会议室，现在是郭沫若生平展的第一展厅。这间展厅展示了1892年至1928年间郭沫若的生平大事。

展览从北墙开始，最先映入眼帘的是他故乡沙湾祖宅的模型，接下来依次展出了他父母亲的照片、郭沫若童年时代的照片以及他上学时的成绩单。墙边的展柜中展出了几本他上学时使用过的课本。看着这些展示，我们不禁想起了郭沫若的乐山老家。郭沫若出生在一个中等地主兼商人家庭。他从小聪颖，在私塾就熟读很多经典，上学时受到廖平弟子帅平均等人的教诲，在今文经学上颇有造诣。在成都上学期间，他参加了四川保路运动，内忧外患的局势激发了他朴素的民族情感。在母亲的张罗下，他20岁时娶了比他大两岁的张琼华。他结婚的当天才第一次见她。他不满意，但是无可奈何，结婚五天后离开家乡，张琼华从此独自守在老家。他们的婚姻是旧社会的一出悲剧。

里院东展厅

东墙展出的是郭沫若在日本留学期间的一些照片，包括东京第六高等学校校舍、郭沫若穿学生装的照片以及他和安娜夫人的照片。接下来展示了创造社的一些照片，包括创造社的成员成仿吾、郁达夫、张资平、郑伯奇、田汉等人的照片以及《创造》《创造周报》《创造月刊》等刊物照片。创造社是继文学研究会之后新文坛最有实力的文学社团，郭沫若、成仿吾、郁达夫是创造社的主要发起人，他们写文章、办刊物，出版著作，在文坛上异军突起，具有较大的影响力。1929年，创造社被国民政府查封。东墙中间部位用一个1.5米高的展柜单独展示了《女神》初版本，这是郭沫若的新诗代表作。

南墙展示了郭沫若在广东大学担任文科学长及他参加北伐战争、南昌起义的照片。展柜中展示了郭沫若 20 年代翻译的《社会组织与社会革命》《浮士德》《法网》等著作。有很多人说郭沫若是马屁精、随着权势转移而改变自己的观点。实际上，郭沫若是一位有着坚定信仰的马克思主义者。他在 1924 年翻译了日本学者河上肇的《社会组织与社会革命》，用列宁的观点批判地解读河上肇的学说，

乐山郭沫若旧居

郭沫若、郁达夫、成仿吾1923年在上海合影

1910年郭沫若在乐山留影

在与林灵光、郭心崧等河上肇的中国学生的论战中逐渐完成了向马克思主义者的转变。他后来多次说起，这次转变后，他的思想就定型了。抱着对共产主义一定能够在中国实现、无产阶级一定会得到解放的信念，1926年，郭沫若南下革命大本营广东。他先是担任广东大学的文科学长，不久参加北伐部队，担任北伐军总政治部副主任，主持北伐军总政治部日常工作，这是很高的职位。蒋介石器重他，许诺他以更高的官职。但他知道蒋介石背叛革命、利用青红帮破坏工人组织之后，毅然写下了《请看今日之蒋介石》这篇战斗檄文，在革命阵营中产生了较大影响。不久他参加了南昌起义，在起义军撤退途中，也就是国共合作失败后中国共产党处境最为艰难、蒋介石等人四处屠杀共产党员的特殊时期，他加入了中国共产党。这种在关键时刻不顾个人爵禄和生命安危，投身于革命理想的行为，体现了一位马克思主义者大无畏的精神。

1927年春，郭沫若（前左二）与李富春（前右一）等人合影

二

西厢房是当年郭沫若子女们的房间，现在是郭沫若生平展第二展厅，展示的是郭沫若1928年至1949年间的生平大事。

展览从南墙开始，南墙展示了郭沫若在1927—1937年间流亡日本时期在中国古代社会、甲骨文金文研究方面的贡献，包括对他有过帮助的一些中日学者的照片。郭沫若为了弄清中国社会的性质，证明马克思关于社会发展阶段的学说适用于中国，开始了中国古代社会的研究，写作了《中国古代社会研究》这部中国马克思主义史学派的开山之作。在写作过程中，他发现很多传世文献在写作年代上不能确定，于是转向对甲骨文字的研究。在中日学界的帮助下，他广泛阅读了甲骨拓片，释读出很多甲骨文字，整理出甲骨文字的体系，被唐兰教授称为甲骨四堂之一。他同时也研究青铜器铭文。出土青铜器自宋代以来就被文人学者所宝爱，但他们是抱着赏玩的态度，年代和国别多有不清。郭沫若通过"标准器"研究法，释读铭文，将出土的251件有代表性的青铜器按照年代和国别归类，从而凿破混沌，让它们成为研究古史的有用的第一手资料。郭沫若在甲骨文和金文研究上取得的突出贡献，得到了国内外学术界的高度肯定。正因为郭沫若学术成就卓著，1948年国民政府中央研究院在全国遴选81位院士，郭沫若位列人文组28位院士之中。

▌前院西展厅

接下来展示的是郭沫若和左联东京分盟以及国内文坛的联系。展柜中展出了几页手稿复印件,这是郭沫若1936年写作的《怀C.F.》,C.F.是成仿吾英文名的缩写。在这首诗中,郭沫若将成仿吾比喻为一匹蚂蚁,自己先跳进溪流,让后面的蚂蚁踩着自己的肉身前进。为了理想社会的建立,郭沫若也情愿牺牲自己,成为蚁塔上的一匹砖。

西墙展示的是郭沫若抗战时期在重庆的活动和贡献。其中有一幅签名轴,这是1941年郭沫若五十寿辰时前来庆贺的嘉宾签下的,我们可以辨认出周恩来、冯玉祥、孙科、沈钧儒、陈布雷、黄炎培等人的名字。

▌ 抗战时期,郭沫若在弹药箱垒成的书柜前工作

靠西墙中间部位有一个弹药箱垒成的书柜复制品。当年郭沫若在重庆创作历史剧、研究先秦诸子思想时，身后就是这个书柜。西墙靠北的部位，有一幻灯投影仪，观众摇动手柄，可以逐次看到《棠棣之花》《屈原》《虎符》等话剧在重庆上演时的剧照。

北墙是郭沫若 1945—1949 年参加民主运动的一些图片，包括反映他和毛泽东、周恩来等人交往的照片、书信复印件，也包括 1948 年底他秘密离开香港北上时给于立群的书信影印件，及周海婴给他及其他民主人士拍的照片。

三

从西厢房出来，往北走，穿过里院西北角的走廊（这里是当年的备茶间），向东拐，来到里院正房的北面。右手边依次为三间原状陈列室。

最西边的是郭沫若的会客厅。客厅中呈马蹄形摆着一圈木扶手沙发，这样的沙发是当年国管局给机关会议室的标准配置。西墙上是傅抱石 1965 年给郭沫若画的《拟九龙渊诗意图》巨幅山水画，这是郭沫若纪念馆的镇馆之宝之一。画的左下角是一架钢琴。当年这里摆着的是一架立式钢琴，郭沫若纪念馆开放后换成三角钢琴。这架三角钢琴曾多次参加在纪念馆举办的别具特色的音乐会。郭沫若特别喜欢音乐，他对孔子等先秦儒家的推崇，主要原因之一就是孔子等人热爱音乐。郭沫若的夫人于立群也喜欢弹钢琴。早在 1936 年，郭沫若就将自己 5 岁的儿子郭志鸿送去学钢琴，师从日本东京艺术大学著名钢琴教授田村宏。郭志鸿后来成为中央音乐学院教授、

郭沫若的会客厅

著名钢琴家。1955年，郭沫若曾致信北京师范大学校长陈垣，请他帮忙为孩子们物色钢琴教师。不久后，郭沫若的儿子郭民英考入中央音乐学院学习小提琴。这些都可见出郭沫若对音乐的热爱。郭沫若年轻时两次患伤寒，导致听力严重退化。他出席会议或者会见客人时需要使用助听器。助听器戴在听力稍好的左耳上，因而客人总是坐在他的左手、巨幅山水画的正前方的沙发上。沙发上面放着一只钟表，指针指向4点50分，因为郭沫若是在1978年6月12日下午4点50分逝世的。由于郭沫若担任中国人民保卫世界和平大会委员会主席，在国际上享有很高的知名度，所以自1950年代以来，中央就同意郭沫若以灵活的非官方形式从事国际交往,包括在家里接待和宴请外宾。当时能这样开展外事活动的只有郭沫若和宋庆龄。郭沫若在这间客厅里接待了来自日本等多个国家的政界、学术界、文艺界代表,这间客厅也多次出现在很多外国友人温馨的回忆中。

客厅东边的屋子是办公室。西墙是一排大书柜,书柜上方的墙上挂有毛泽东的真迹《西江月·井冈山》横幅。东墙挂着于立群的隶书立轴《沁园春·雪》。

在办公室的南窗下,是两张大书桌。书桌上摆着笔墨纸砚,我们可以想见郭沫若当年用普通狼毫蘸着普通墨水奋笔疾书的情景。在这张书桌上,他发起兰亭论辩,写作《李白与杜甫》,给各界朋友写信。有很多普通人来信,他也认真阅读,仔细回复。

《李白与杜甫》是郭沫若晚年最后一部学术著作。认真阅读,我们会发现郭沫若在书中主要是跟当时的杜甫研究者对话。在郭沫若看来,经过了思想转变的一些研究者,在对杜甫的态度上和千年来的多数学者文人是一贯的。而杜甫是一位歌颂圣君、遵守秩序的文人。郭沫若本身充满叛逆,当时又正提倡造反有理。所以他要跟这些研究者唱反调,把遵守秩序的杜甫拉下神坛。通过《李白与杜甫》,我们仿佛感受到了年近80高龄的郭沫若仍然洋溢着浓郁的青春气息。

工作间东边的屋子就是郭沫若的卧室。这是多么简朴的一间卧室啊。在这间十多平米的房间里,东西方向头靠西墙的一张棕绷床占据着突出的位置。

1974年"批林批孔"运动开始,郭沫若已经82岁高龄。周恩来总理特别关心他的健康,叮嘱工作人员晚上要睡在他的卧室外,

郭沫若办公室全景

他一起床好有个照应。工作人员担心晚上睡得过沉，听不到郭沫若起夜的声音，便想出一个办法：郭沫若床头有个普通的床头灯，他们在床头灯的开关上接出一根电线连接到卧室外值班员床头的电铃上。只要一开床头灯，电铃就会响，这样既不会被听力不好的郭沫若察觉，又能及时叫醒自己赶快到卧室去照顾老人。郭沫若并不知床头灯与电铃间的"小机关"，他认为自己完全能够照顾好自己，

不用打扰值班人员夜晚休息，所以每次起夜时便格外小心，尽量不发出声响。但令他奇怪的是，不管自己如何轻手轻脚，值班人员都会及时到卧室里来照顾他。他向值班员了解这其中的原因，值班员如实承认了床头灯的奥秘。不料郭沫若暗自也想出一个不让电铃把睡眠中的值班员吵醒的"对策"，而且奏效了。这一晚，值班员整夜都没有听到铃声，他们检查了床头灯和电铃间的电线，并没有出毛病，原因何在呢？值班员只好询问郭沫若夜间休息得可好，怎么没有起夜？经过再三询问，工作人员才知道这一晚郭沫若为了不让电铃响，起夜、喝水、吃药，竟然没开灯，而是借着窗外的一点星光夜色。值班人员被郭沫若的这个"对策"深深感动了，但是老人这样做无疑是不安全的，夜晚不开灯更容易跌倒，一旦发生意外，该如何向周总理解释？值班人员和秘书反复说服郭沫若，要求他配合值班员的工作，接受值班员的照顾，帮助值班员完成好周总理交代的任务，以后起夜一定要开灯。郭沫若总算接受了大家的劝告。就这样，

一个普普通通的床头灯，记录下周总理对郭沫若的关怀，也见证了郭沫若在细微之处对身边工作人员的尊重和爱护。

床边是一双内联升的千层底布鞋。郭沫若衣着十分朴素。据荣宝斋工作人员回忆，他长年穿着布鞋，一到夏天，为了凉快，夫人于立群还特意在郭沫若布鞋的两侧对称地开上孔，改造成自制的布凉鞋。郭沫若晚年有一次住院，蓝褂子上的绊子坏了，女儿郭平英就在医院里将白线染蓝，给他缝上，他继续穿。卧室南窗下是一排书柜，这是为二十四史专门定制的书柜，为了适合每套史书的规模，每个抽屉大小不一。看着这排书柜，我们可以想见郭沫若入睡前躺

郭沫若卧室

郭沫若办公室书桌一角

在床上，顺手抽出一本史书读几页的场景。二十四史是郭沫若十分喜爱的枕边书。早在少年时代，他就熟读《史记》，对项羽、荆轲、高渐离等历史人物充满深情。他后来进行历史研究和历史剧创作时，二十四史是基本素材。卧室的家具除了这排书柜外，就是靠着东墙的一架带有穿衣镜的立柜。

四

参观完卧室后，我们拐入一条南北走向的暖廊。这道不足十米长的暖廊中，挂着郭沫若为一些机构的题匾，我们可以看到故宫博物院、中国银行等匾额。郭沫若的书法潇洒遒劲，深受人们喜爱。他为人又十分谦和，有求必应。1962年10月22日，郭沫若去舟山群岛视察。按照日程，下午是参观游览，可到了下午三点多他还

故宫博物院题字

没有从房间出来。陪同人员进入房间时看见:"郭老卷着衣袖,正在挥笔题词,根本没在休息。旁边的桌子上,已经放着好几张写好的《满江红》《沁园春》等毛主席诗词。原来,岛上军民早就仰慕郭老知识渊博,书法超人,这个难得的机会,都想请郭老题词留作珍贵的纪念。郭老十分理解大家的心情,放弃了休息时间,用他那雄浑有力,挥洒自如的书法,抄录毛主席诗词,准备送给有关单位和个人。他见随行人员走来,停下笔,十分认真而又略带歉意地说:'你看,同志们交给我的任务,我还没有完成哟,还是写完了再出去吧。'说着,又认真书写起来,直为大家忙了一个下午,把出游

大明湖题字

的计划放弃了。"[1] 暖廊展示的，仅是郭沫若题匾的一小部分。如果我们在北京游览，可以看到数以百计的郭沫若题匾。中山公园、北海公园、景山公园、日坛公园、月坛公园、天坛公园、紫竹院等景点是郭沫若题写的；北京四中、北京八中、北京一零一中学等著名中学是郭沫若题写的；商务印书馆、中华书局、科学出版社、地质出版社、中国青年出版社等出版机构是郭沫若题写的；荣宝斋、内联升、北京歌剧舞剧院、晋阳饭庄、香山饭店、徐悲鸿纪念馆等机构也是郭沫若题写的。不仅北京，只要你在中国游玩，除了西藏

---

[1] 姚彩勤：《郭老在战士中》，《书来墨迹助堂堂——郭沫若同志浙江题咏》(《西湖丛书》第三辑)，《西湖文艺》编辑部，1979年，第101页。

与台湾外,处处都可看到郭沫若的题匾与题字:济南的大明湖与趵突泉、成都的杜甫草堂与文君井,江苏的太湖鼋头渚与莫愁湖公园,浙江的冰壶洞与玉海楼,广东的涵碧楼与白云山等等。

五

穿过暖廊,就来到后罩房。后罩房是于立群工作和生活的地方,现在从东向西一字排开四个展厅。

第一间展厅主要展示郭沫若在1950年代的活动。最东墙的电子屏幕打出的是《水牛赞》局部手迹。《水牛赞》是郭沫若写于1940年代的一首新诗。他赞美水牛:"水牛,/水牛,/你最最可爱,/你是中国作风,/中国气派。//坚毅,/雄浑,/无私,/拓大,

后罩房东展厅

/悠闲，/和蔼，/任是怎样的辛劳，/你都能够忍耐，/你可头也不抬，/气也不喘。"这其实是郭沫若的自我写照。

在这间展厅中，我们可以看到郭沫若在1950年代的各种活动。他被任命为政（国）务院副总理、文化教育委员会主任、中国科学院院长、中国科学技术大学校长。他从1949年起担任中国科学院院长，直到1978年去世，他在这一岗位上兢兢业业，中国科学院从院部选址、成立各所、动员留学人员归国加入科学院，到谋划和成立学部，郭沫若都付出了大量的心血。在反右运动扩大化的过程中，他代表中国科学院领导层向中央报告，说科学家们虽然有时候话说得不对，但很多都是刚从国外回来，或者刚参加工作，对于社会不了解，他们热心科研是值得肯定的，因此应该保护。故而，中科院的右派很少。西墙上有一张足迹图，将郭沫若带领中国代表团去世界各地参加世界和平大会或者友好访问的城市标识出来。从这里我们可以看出郭沫若如何尽心于新中国的人民外交工作。

这间展厅再往西就是于立群工作间的原状陈列。这间屋子被叫着"妈妈屋"。屋子正中顶部挂着一块匾，匾里是装裱好的郭沫若《咏武则天》手迹。这在郭沫若生前，是这个院子里挂着的唯一一幅郭沫若手迹。北墙正中是一排大书柜，书柜里放着于立群生前爱读的各种书籍。书柜两边的墙上挂着字画。有一幅是于立群画荷花，郭沫若题词的工笔画；还有郭沫若题跋的《故宫所藏猫蝶砚》《夅叔为季妃作盥器》拓片，都体现了这对夫妻生前共同的艺术喜好。靠东墙有一台柜子，柜子上是一台小型的黑白电视机，这是1970年代的产品了。电视机前是一张方桌，周围有几把椅子。西墙上挂着于立群书的大字篆书《沁园春·雪》。立轴下是一张宽大的书法案子。

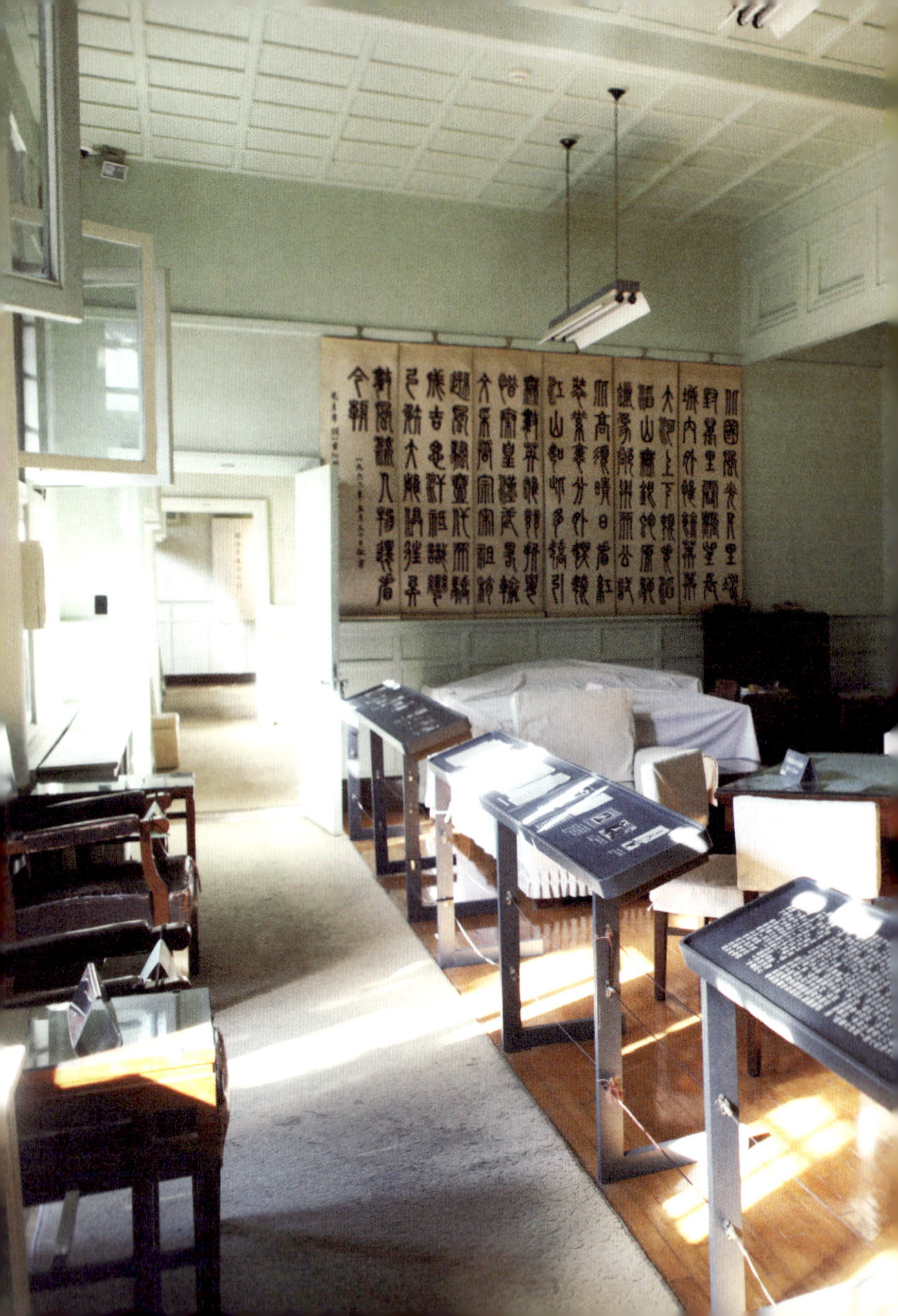

"妈妈屋"

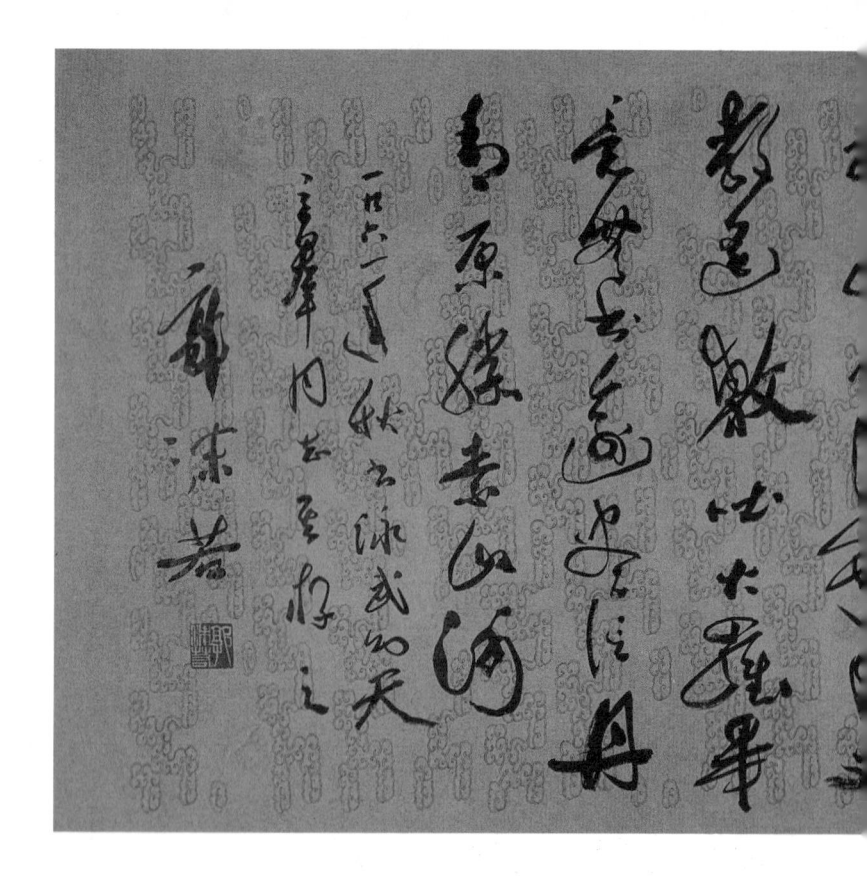

这台案子十分朴素，是用一些木板床的床板拼接起来的。于立群这位书法家，当年就是在这台案子上运墨挥毫，创作了很多令后人叹赏的作品。

"妈妈屋"往西的展厅展出晚年郭沫若学术研究、戏剧创作的成就。

在东墙，我们可以看到郭沫若《管子集校》的书影。《管子集校》

"妈妈屋"悬挂的郭沫若《咏武则天》手迹

是郭沫若花了好几年的功夫整理出来的当代中国古籍整理的典范之作。1950年代初，闻一多夫人把闻一多整理的《管子》送到郭沫若手里，她希望郭沫若领导的中国科学院完成闻一多未竟的事业。郭沫若召集了一些著名学者，大家分工去做。但等到截稿时期，才发现部分学者还没开始，部分学者虽然交了稿，但质量很低。郭沫若决定独自完成这一艰巨的工作。1954年前后，他到处搜集《管子》

后罩房西展厅

版本，从北京图书馆、上海图书馆，到一些私人搜藏家，他四处打听，广为搜罗。他先后收集到 17 种宋明版的《管子》；在搜集《管子》版本的同时，他还搜集到自朱熹以来有关《管子》校注、研究的著作近 50 种。仅从搜集到的版本数量和相关研究成果来说，郭沫若在资料占有上就远远超越了学界前辈。在集校工作中，他虽然频繁参加各种会议和社会活动，亲自为会议起草报告和讲话稿，还写作诗歌和学术论文，但他一有时间就坐在案前，甚至去青岛休假仍然带着资料和助手，每天工作 10 小时以上。他终于完成了这部

在篇幅上是许维遹、闻一多原稿4倍多的170万字的巨著。

东墙靠北，有《武则天》演出时的旋转舞台模型和一些演出照片。北墙靠东，有《蔡文姬》《武则天》《郑成功》的书影。这些都是1949年后郭沫若创作的历史剧。

在北墙，我们可以看到郭沫若参与《再生缘》讨论的一些图片。其中有一张陈寅恪的照片和北京古籍出版社2002年版《再生缘》的封面照片。最开始研究《再生缘》的是陈寅恪。他有关《再生缘》的论文于1950年代初在香港发表后在海外引起震动。很多人认为陈寅恪是在写兴亡之叹。郭沫若知道这件事后，找到《再生缘》来读。他也对此发生了强烈的兴趣。他最初的研究和陈寅恪的路径一致。随着他占有资料越来越丰富，他对作者陈端生生平的研究以及对《再生缘》背景的研究都超过了陈寅恪。他比照三种《再生缘》版本，和中华书局合作，对《再生缘》（前十七卷）做了校勘整理。但由于《再生缘》在内容上涉及朝鲜，中央一些领导同志担心可能影响中朝关系，郭沫若的《再生缘》整理本当时没有能够出版。直到2002年，该书才由北京古籍出版社出版。

在西墙，有一些郭沫若1970年代的图片，他给周恩来要求恢复《考古》等期刊的信件，他参加中国科学大会受到华国锋慰问的照片以及他在院里牡丹丛中拍摄的最后一张彩照等等。

再往西，是常设展览的最后一个展厅。东墙的展柜中放着《郭沫若全集》、郭沫若作品的日译本以及近年来郭沫若研究方面的一些新著作。北墙上写着日本友人绿川英子在郭沫若50寿辰纪念时用世界语记下的郭沫若说过的一句话："我要以松柏的态度来刻画出自己的年龄，能成为合抱的大木给天下的劳人以一片青荫，即使中途遭了电击或者枯死，我也希望它的残骸能够供给贫苦人一把取暖的柴。"松柏，正是郭沫若的写照。西墙上是郭沫若著作年表，分诗歌、戏剧与小说、自传、散文、历史研究、考古、翻译等多种门类。参观者驻足在这面墙前，感到相当震撼，一个人一生能出版160余本著作，而且还涉及到如此宽广的领域，得有多么旺盛的精力，多么刻苦的工作和多么广博的知识面啊。难怪在郭沫若逝世后，邓小平同志代表党中央在悼词中说：

"郭沫若同志是我国杰出的作家、诗人和戏剧家，又是马克思主义的历史学家和古文字学家。早在'五四'运动时期，他就以充满革命激情的诗歌创作，歌颂人民革命，歌颂社会主义和共产主义，开一代诗风，成为我国新诗歌运动的奠基者。他创作的历史剧，是教育人民、打击敌人的有力武器。他是我国运用马克思主义观点研究中国历史的开拓者。他创造性地把古文字学和古代史的研究结合起来，开辟了史学研究的新天地。他在哲学社会科学的许多领域，

郭沫若《管子集校》校订稿之一页

包括文学、艺术、哲学、历史学、考古学、金文甲骨文研究,以及马克思主义理论著作和外国进步文艺的翻译介绍等方面,都有重要建树。他长期从事科学文化教育事业的组织领导工作,扶持和帮助了成千上万的科学、文化、教育工作者的成长,对发展我国科学文化教育事业作出了不可磨灭的贡献。他和鲁迅一样,是我国现代文化史上一位学识渊博、才华卓具的著名学者。他是继鲁迅之后,在中国共产党领导下,在毛泽东思想指引下,我国文化战线上又一面光辉的旗帜。"[1]

---

[1] 《在郭沫若同志追悼会上,邓小平副主席致悼词》,《人民日报》1978年6月19日。

气度雍容格调高

郭沫若办公室悬挂的《西江月·井冈山》

在郭沫若办公室的东墙上，书柜上方挂着毛泽东的书法真迹——《西江月·井冈山》。这幅真迹为郭沫若生前所宝爱，也是郭沫若纪念馆的馆藏珍品之一。

1965年初夏，郭沫若一行到了井冈山，在茨坪黄洋界参观。他爬到山顶，向四方眺望，遥想毛泽东等红军同志当年在这里活动的情形，吟诵着毛泽东的《西江月·井冈山》："山下旌旗在望，山头鼓角相闻。敌军围困万千重，我自岿然不动。早已森严壁垒，更加众志成城。黄洋界上炮声隆，报道敌军宵遁。"面对此情此景，郭沫若口占七律《黄洋界》："海拔一千六百米，汪洋万岭望黄洋。雄关如铁旌旗壮，小径挑粮领袖忙。五里横排遗槲树，千秋蔽芾胜甘棠。杜鹃今已花时近，百战壕边草木香。"离开茨坪下山时，郭沫若又在黄洋界下车，凝神低徊。

黄洋界的负责同志告诉郭沫若，他们准备在此立一块纪念碑，将《西江月·井冈山》刻在上面，但苦于找不到毛泽东的手迹，希望郭沫若能够帮忙提供。

郭沫若回到北京后多方查找，但始终没有找到。他于是给毛泽东写了一封信。他担心毛泽东不同意立碑，只说自己想求幅字，内容就是《西江月·井冈山》。直到一年之后的1966年7月，郭沫若在武汉陪同毛泽东接见亚非作家紧急会议的代表时，毛泽东派秘书送给郭沫若一封信，信封里装的正是写在八张8开大的宣纸上的《西江月·井冈山》手书。郭沫若铺开在客厅地毯上，一边观摩，一边惊叹。他让秘书请来了随行的新华社摄影记者，把手迹拍成照片，洗好了直接寄给井冈山管理局。原件由秘书王廷芳保管。一回到北京，王廷芳就去荣宝斋装裱加框。郭沫若将这幅手迹挂在书房里，每天都能看见，它成为毛泽东和郭沫若伟大友谊的象征。

一

郭沫若第一次见毛泽东，是在1926年3月23日。在瞿秋白的推荐下，郭沫若从上海到达广州，准备就任广东大学文科学长。抵达广州的当天上午，他去拜访林伯渠。林伯渠不在家，他在这里见到了毛泽东。郭沫若后来回忆这次见面时写道："太史公对于留侯张良的赞语说：'余以为其人计魁梧奇伟，至见其图，状貌如妇人好女。'""吾于毛泽东亦云然。人字形的短发分排在两鬓，目光谦抑而潜沉，脸皮嫩黄而细致，说话的声音低而娓婉。不过在当时

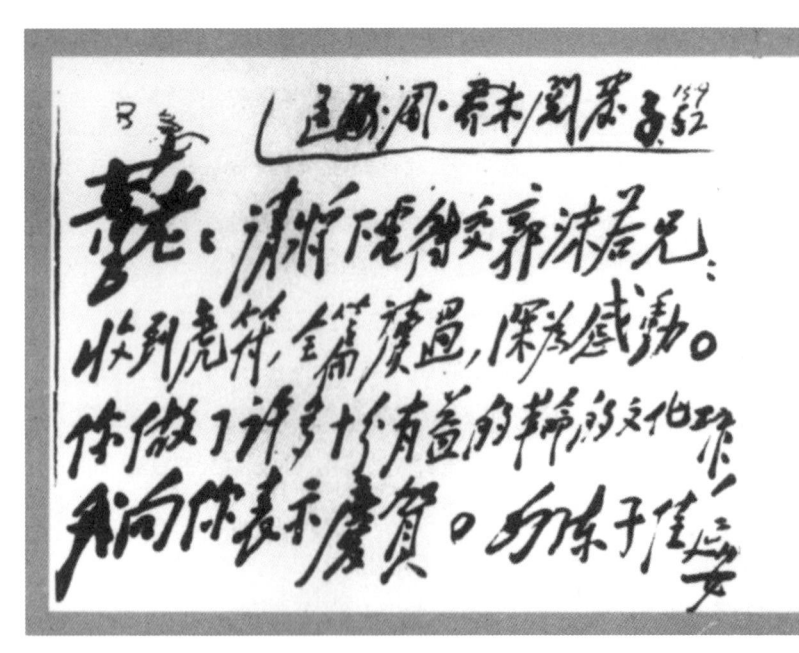

毛泽东致郭沫若电文

的我，倒还没有预计过他一定非'魁梧奇伟'不可的。"[1] 不久，毛泽东到郭沫若寓所访问，邀请郭沫若去农民讲习所演讲。后来，他们还多次接触，谈广州的形势和革命的发展。两位同志建立起了革命友谊。

抗战时期，毛泽东在延安关注着郭沫若在重庆取得的成就。

《虎符》是郭沫若继《屈原》之后的又一部重要剧作。郭沫若请周恩来将《虎符》单行本送给毛泽东。毛泽东在延安读了《虎符》

---

[1] 郭沫若：《创造十年续编》，《郭沫若全集·文学编》（第12卷），人民文学出版社，1992年，第297—298页。

郭沫若纪念馆馆藏部分《甲申三百年祭》版本

后,托董必武转交给郭沫若一封电报。电报中说:"收到《虎符》,全篇读过,深为感动。你做了许多十分有益的革命的文化工作,我向你表示庆贺。"①

1944年,郭沫若在重庆发表了《甲申三百年祭》,这篇文章总结了明末李自成农民起义失败的教训,受到了《中央日报》等国民党和亲国民党媒体的攻击。但延安的《解放日报》却全文转载了。4月12日,毛泽东在《学习和时局》中指出:"近日我们印了郭沫

① 毛泽东:《致郭沫若(一九四四年一月九日)》,《毛泽东文艺论集》,中央文献出版社,2002年,第277页。

毛泽东 1944 年致郭沫若信

靠你们努力，方能促进。兼之生者此会于也，沒有准房子足你地方住来，等到了介绍信接到之，希望届时示知。你的如嫡文到队要对中国人民、共产党方面不嫌坏，望我决心向党的，努地继续努力。恩史同志引发，北月匝房者已痕末，露不一一。如何来都在和你见面，不知有此机会否？请祝　健康、愉快与学习好

毛泽东　上

一九四九年一月
廿月　於北平

若论李自成的文章,也是叫同志们引为鉴戒,不要重犯胜利时骄傲的错误。"[1] 6月7日,中共中央宣传部、总政治部联合发出通知,要求将《甲申三百年祭》与刚被翻译的苏联《前线》剧本作为全党整风文件:"这两篇作品对我们的重大意义,就是我们全党,首先是高级领导同志无论遇到何种有利形势与实际胜利,无论自己如何功在党国、德高望重,必须永远保持清醒与学习的态度,万万不可冲昏头脑,忘其所以,重蹈李自成与戈尔洛夫的覆辙。"[2]

1944年冬天,郭沫若收到了毛泽东11月21日自延安写来的信:

武昌分手后,成天在工作堆里,没有读书钻研机会,故对于你的成就,觉得羡慕。你的《甲申三百年祭》,我们把它当作整风文件看待。小胜即骄傲,大胜更骄傲,一次又一次吃亏,如何避免此种毛病,实在值得注意。倘能经过大手笔写一篇太平军经验,会是很有益的;但不敢作正式提议,恐怕太累你。最近看了《反正前后》,和我那时在湖南经历的,几乎一模一样,不成熟的资产阶级革命,那样的结局是不可避免的。此次抗日战争,应该是成熟了的罢,国际条件是很好的,国内靠我们努力。我虽然就就业业,生怕出岔子,但说不定岔子从什么地方跑来;你看到了什么错误缺点,希望随时示知。你的史论、史剧有大益于中国人民,只嫌其少,不嫌其多,精神决不会白费的,希望继续努力。恩来同志到后,此间近情当已

---

[1] 毛泽东:《学习和时局》,《毛泽东选集》(第3卷),人民出版社,1991年,第948页。
[2] 《关于学习〈甲申三百年祭〉的通知》,郭沫若纪念馆等编《〈甲申三百年祭〉风雨六十年》,人民出版社,2005年,第93页。

1945年8月28日，郭沫若等人到机场为在重庆参加完国共谈判的毛泽东送行

获悉，兹不一一。我们大家都想和你见面，不知有此机会否？

  毛泽东肯定了郭沫若的《甲申三百年祭》《反正前后》、历史剧和历史研究著作，希望他继续努力。毛泽东对他的思念、赞美和鼓励，给了奋斗在雾重庆的郭沫若以宝贵的慰藉。对于毛泽东的写太平军的建议，郭沫若做了认真的史料准备，但最后没有写出来。他的秘书王戎笙成为研究太平天国运动的专家。

  1945年，毛泽东到重庆参加国共谈判。9月3日，郭沫若带着于立群会同翦伯赞、邓初民、冯乃超、周谷城等人去看望毛泽东。

1949年3月,毛泽东(右一)与前来西苑机场迎接的郭沫若(右二)等人亲切交谈

他看到毛泽东的怀表已经很旧了,便取下自己的手表送给他。除了偶尔修理外,很长时间内毛泽东一直戴着这只手表。

毛泽东在重庆期间,重庆报刊发表了他的《沁园春·雪》,引起了政界和文化界震动。郭沫若对这首词十分佩服,特意和了两首。他在词中高度赞美毛泽东的睿智和风度:"说甚帝王,道甚英雄,皮相轻飘。看古今成败,片言狱折,恭宽信敏,无器民滔。岂等沛风?还殊易水,气度雍容格调高。开生面,是堂堂大雅,谢绝妖娆。"

但是,1946年5月,重庆、天津、上海的《大公报》接连三天发表了《大公报》主笔王芸生的《我对中国历史的一种看法》。文章说:"近见今人述怀之作,还看见'秦皇汉武'、'唐宗宋祖'的比量",

1954年12月,毛泽东与郭沫若在全国政协会议上交谈

"中国历史上打天下争正统,严格讲来,皆是争统治人民,杀人流血,根本与人民的意思不相干。"显然,这对《沁园春·雪》提出了异议。郭沫若读完这篇文章后,在《摩登唐吉珂德的一种手法》中一针见血地说:"索性替王芸生说穿吧,今天的毛泽东也在'争统治人民的',假使毛泽东当权,说不定更坏,而且还有'勾结外援'的嫌疑啦!""责骂诸葛亮,责骂曾国藩也不外是糖衣,而责骂毛泽东倒是本意。王芸生画龙点睛,他在号召'中国应该拨乱反治了'。这还有什么两样呢?'拨乱'不就是戡乱么?"[1] 他将王芸生靠拢国民党的企图

---

[1] 郭沫若:《摩登唐吉珂德的一种手法》,《郭沫若全集·文学编》(第20卷),人民文学出版社,1992年,第112页。

郭沫若纪念馆馆景

揭露开来，从而在国统区维护了毛泽东的声望。

1949年初，郭沫若和一些民主人士经过长途颠簸后到达北平。3月25日，郭沫若与李济深、沈钧儒、马叙伦等民主人士及各界代表一千多人，在西苑机场欢迎毛泽东、朱德、刘少奇、周恩来等中共领导人抵达北平，并陪同他们参加了阅兵式。当晚，应毛泽东之邀，郭沫若参与了聚餐会并讨论与国民党的和战问题。

1949年10月1日，在这个现代中国历史上最重要的日子里，郭沫若受邀登上天安门城楼，与毛泽东，刘少奇、朱德、周恩来等中共领导人一起，参加中华人民共和国暨中央人民政府成立庆典。他还作为无党派人士代表向毛泽东献了锦旗。从此，郭沫若多次陪同毛泽东参加各种活动,共商建国大计。

二

1959年夏天,毛泽东在游览中写了《到韶山》和《登庐山》两首七律。9月7日,毛泽东致信胡乔木:"诗两首,请你送给郭沫若同志一阅,看有什么毛病没有?加以笔削,是为至要。"[1]

郭沫若接诗后反复推敲,9月9日致信胡乔木:"主席诗《登庐山》第二句'欲上逶迤'四字,读起来似有踟躇不进之感。拟易为'坦道蜿蜒',不识何如。"第二天,郭沫若又致信胡乔木:"主席诗'热风吹雨洒南天'句,我也仔细返复吟味了多遍,觉得和上句'冷眼向洋观世界'不大谐协。如改为'热情挥雨洒山川'以表示大跃进,似较鲜明,不识如何。古有成语,曰'挥汗成雨'。"[2]

毛泽东接到信后没有照录郭沫若的措辞,但仍对这两处做了修改。9月13日,毛泽东给胡乔木写信:"沫若同志两信都读,给了我启发。两诗又改了一点字句,请再送陈沫若一观,请他再予审改,以其意见告我为盼。"[3]郭沫若没有再提意见。

1961年10月18日晚,郭沫若在民族文化宫观看绍剧《孙悟空三打白骨精》。该剧改编自《西游记》。郭沫若认为这个剧"改编得很好,演出也是很成功的,受到大众的欢迎是应该收到的成

---

[1] 《建国以来毛泽东文稿》(第八册),中央文献出版社,1993年,第516页。
[2] 黄淳浩编:《郭沫若书信集》(下),中国社会科学出版社,1992年,第297、298页。
[3] 《建国以来毛泽东文稿》(第八册),第517页。

果。"① 应剧团之请，郭沫若于10月25日写作了七律《看〈孙悟空三打白骨精〉》，发表在11月1日《人民日报》上。该诗咏道：

> 人妖颠倒是非淆，对敌慈悲对友刁。
> 咒念金箍闻万遍，精逃白骨累三遭。
> 千刀当剐唐僧肉，一拔何亏大圣毛。
> 教育及时堪赞赏，猪犹智慧胜愚曹。

毛泽东对这首诗很感兴趣，但觉得郭沫若对唐僧的态度有点过了。于是在11月17日写下了《七律·和郭沫若同志》：

> 一从大地起风雷，便有精生白骨堆。
> 僧是愚氓犹可训，妖为鬼蜮必成灾。
> 金猴奋起千钧棒，玉宇澄清万里埃。
> 今日欢呼孙大圣，只缘妖雾又重来。

时在广州的康生将这首诗抄给了同在广州的郭沫若。郭沫若看后觉得毛泽东的观点毕竟比他高明，于是又和了一首：

> 赖有晴空霹雳雷，不教白骨聚成堆。
> 九天四海澄迷雾，八十一番弭大灾。

---

① 郭沫若：《"玉宇澄清万里埃"——读毛主席有关〈孙悟空三打白骨精〉的一首七律》，《人民日报》1964年5月30日。

中国科学院

看《孙悟空三打白骨精》

去腊游沪者经月团 郭沫若

人妖颠倒是非淆，对敌慈悲对友刁。
咒念金箍闻万遍，精逃白骨累三遭。
千刀当剐唐僧肉，一拔何亏大圣毛？
教育及时堪赞赏，猪猡智慧胜愚曹。

一九六一年十月二十五日晨。

地址：文津街三号

郭沫若《看〈孙悟空三打白骨精〉》手稿

僧受折磨知悔恨，猪期振奋报涓埃。

金睛火眼无容赦，哪怕妖精亿度来！

郭沫若这首诗经过康生转给了毛泽东。毛泽东说："和诗好，不要'千刀当剐唐僧肉'了。对中间派采取了统一战线政策，这就好了"。①

毛泽东给康生的信中还出示了一个月前写的《卜算子·咏梅》，并要求康生转给郭沫若看：

风雨送春归，飞雪迎春到。已是悬崖百丈冰，犹有花枝俏。

俏也不争春，只把春来报。待到山花烂熳时，她在丛中笑。

郭沫若收到这首词后吟咏再三，反复揣摩毛泽东的用意："当时是美帝国主义和它的伙伴们进行反华大合唱最嚣张的时候。这也就是'已是悬崖百丈冰'的时候。在这样的时候，我们的处境好像很困难，很孤立，不从本质上来看问题的人便容易动摇。主席写出了这首词来鼓励大家"。他还把这首词翻译成白话新诗，并跟陆游的《卜算子·咏梅》进行了对比。陆游词"看不到人民的力量"，"感情是消极的"，"表现了一个封建时代文人的孤芳自赏"；而毛泽东的词"是多么优美的积极进取的情调呵，悲观消极的影子连一丝一毫也寻不出。""尽管悬岩上结着一千尺长的冰柱，冻得无法再冻了，然而梅花依旧要开花，而且开得又香又美。这又香又美的梅

---

① 郭沫若：《"玉宇澄清万里埃"——读毛主席有关〈孙悟空三打白骨精〉的一首七律》，《人民日报》1964年5月30日。

花并不想同谁竞争,要作春天的主人,不,他只是春天的传宣使者,促进大家努力,迅速地赶走冬季的严寒,呈献出百花齐放的局面。"这首词让郭沫若"受到很大的启发,感受着春天是加倍地到来了。"[1] 他当天写了一首《卜算子·咏梅》表达他的感受:

曩见梅花愁,今见梅花笑。本有东风孕满怀,春伴梅花到。

风雨任疯狂,冰雪随骄傲。万紫千红结队来,遍地吹军号。

郭沫若解释说:"'梅花愁'是陆游的《咏梅》,'梅花笑'是主席的《咏梅》了。'万紫千红结队来,遍地吹军号',便是从'山花烂熳'得来的启示。"[2]

三

1962年,为纪念毛泽东在延安文艺座谈会上的讲话20周年,毛泽东同意将六首词作《清平乐·蒋桂战争》《减字木兰花·广昌路上》《采桑子·重阳》《蝶恋花·从汀州向长沙》《渔家傲·反第一次大围剿》《渔家傲·反第二次大围剿》以《词六首》为题发表在《人民文学》上。4月中旬,《人民文学》编者陈白尘带着毛泽东的《词六首》登门拜访郭沫若,要求他为毛泽东的这六首词写一篇诠释文章。

---

[1] 郭沫若:《"待到山花烂熳时"——读毛主席新发表的诗词〈卜算子·咏梅〉》,《人民日报》1964年3月15日。
[2] 同上。

1964年8月,党和国家领导人在人民大会堂接见出席北京科学讨论会的各国代表。毛泽东与郭沫若在休息厅交谈

　　像这样的约稿,已经不是第一次了。五年前,云南《边疆文艺》编辑部就曾写信询问郭沫若毛泽东诗词修改的原因。四年前,《文艺报》收到臧克家的《喜读毛主席新词〈蝶恋花〉》,编辑张光年转给郭沫若,请他发表意见。对于这些询问或约稿,郭沫若都做了认真的答复。

　　郭沫若接到《词六首》后,发现这六首词作都没有署写作时间,词的排序也有变化,郭沫若先得弄清楚这些词的时代背景。他给陈白尘写信问了打印是否有错,又给秘书王戎笙写信,请他帮忙查证词中的地名和史实。他自己也查阅了大量地图、书籍和地方志。为了对词作的写作时期和背景作进一步了解,郭沫若通过中央办公厅的介绍,好几次亲往中央档案馆查阅相关资料。中央档案馆十分重视,让他看了很多电报文件，还找出一厚本内部印刷的文件电报汇编，破例让他带回家看。

不久，毛泽东转来一封臧克家谈《词六首》的作品，请郭沫若斟酌参考。郭沫若趁机给毛泽东写信，告诉毛泽东他通过查找多种资料后，所拟定的《词六首》各首的写作时间，以及按照时间先后重新排序的结果，郭沫若还认为《词六首》中有些词句需要斟酌修改。

毛泽东接信后对《词六首》作了修改。4月27日，毛泽东派人将定稿送到郭沫若家里，他肯定郭沫若对各首词写作时间的考证都是正确的，也同意郭沫若的重新排序，并采纳了郭沫若的部分修改意见，比如《渔家傲·反第二次大围剿》中"七百里驱十五日"这句就是经过郭沫若修改过的。

▎郭沫若书毛泽东诗词三十七首

郭沫若接到毛泽东信后，打电话约请陈白尘来家里，给他看了毛泽东的定稿，并谈了自己的写过构想。5月1日，郭沫若的《喜读毛主席词六首》脱稿，《人民文学》迅速排出小样。5月9日，郭沫若接到小样后立即送给毛泽东并写了一封信："我应《人民文学》的需要，写了一篇《喜读毛主席的词六首》。因为《人民文学》要在十二日出版，今天才送了小样来，没有来得及先送给主席看看，恐怕有不妥当的地方。闻《人民日报》将转载，如主席能抽得出时间披阅一过，加以删正，万幸之至。"①

毛泽东接到小样后，作了多处修改。尤其是郭沫若关于《词六首》之外的《娄山关》的解释，毛泽东不认同。他利用小样空白处以郭沫若的语气重新写了一大段。但毛泽东的修改稿还没来得及寄出，郭沫若的文章5月12日就在《人民文学》上发表了，当天又被《人民日报》《光明日报》转载。大概毛泽东看见郭沫若的文章正式发表了，这个修改也就压下不提，直到1991年12月26日才发表在《人民日报》上。

此后，郭沫若开始不断写文章阐释毛泽东诗词。先后在《人民日报》等报刊发表了了《"百万雄师过大江"》《"桃花源里可耕田"》《"敢教日月换新天"》《"寥廓江天万里霜"》《"无限风光在险峰"》《"不爱红装爱武装"》《"芙蓉国里尽朝晖"》《"红旗跃过汀江"》《"红军不怕远征难"》等十多篇文章阐释毛泽东诗词。这些文章从毛泽东诗词的写作背景入手，将这些诗词中几乎所有的风景都与某种革命或反革命力量相联系，从而阐释毛泽东的伟大革命

---

① 郭沫若：《致毛泽东》，《郭沫若研究》（第1辑），文化艺术出版社，1985年，第33页。

《人民日报》发表郭沫若的《"桃花源里可耕田"》

情怀和斗争精神。郭沫若逐渐成为阐释毛泽东诗词的权威,很多刊物、工人、学生、学生组织、社会组织写信给他,请他就诗词中的某些问题答疑解难。直到1970年代,郭沫若还回了不少这样的信。

四

在"批林批孔"运动中,由于郭沫若在《十批判书》等著作中推崇儒家、不满秦始皇,因此承受了来自毛泽东的压力。

1973年7月4日晚,毛泽东同王洪文、张春桥谈话,再一次谈到《十批判书》:"郭老不仅尊孔,而且还反法,尊孔反法。国民党也是一样啊!林彪也是啊!我赞成郭老的历史分期,奴隶制以春秋战国之间为界。但是不能大骂秦始皇。"① 7月17日下午，毛泽东在中南海住处同杨振宁等谈到中国历史时说："我们郭老，在历史分期这个问题上，我是赞成他的。但是他在《十批判书》里边，立场、观点是尊儒反法的。法家的道理就是厚今薄古，主张社会要向前发展，反对倒退的路线，要前进。"②

《十批判书》书影

8月5日，毛泽东谈到中国历史上的儒法斗争时，说历代有作为、有成就的政治家都是法家，他们都主张法治，厚今薄古；而儒家则满口仁义道德，主张厚古薄今，开历史倒车。接着念了新写的七律《读〈封建论〉呈郭老》：

劝君少骂秦始皇，焚坑事业要商量。
祖龙魂死秦犹在，孔学名高实秕糠。
百代都行秦政法，十批不是好文章。
熟读唐人封建论，莫从子厚返文王。

2月上旬，郭沫若写了一首七律《春雷》呈毛泽东：

春雷地动布昭苏，沧海群龙竞吐珠。
肯定秦皇功百代，宣判孔二有余辜。

---

① 《毛泽东年谱1949—1976》（第6卷），中央文献出版社，2013年，第485页。
② 《毛泽东年谱1949—1976》（第6卷），第488页。

读《随园诗话》札记　　郭沫若

一、性情与格律

袁枚论诗主性情说。所谓"性情"当谓抒写胸臆、辞美自然。这较王渔洋之神韵说之不着边际，沈德潜之格调说之流于拘泥，自然较胜一筹。但袁往往为偏激之论，如《随园诗话》卷一第2则中有这样的话：

　　"有性情便有格律，格律不在性情外"。

这便把性情和格律完全□同了。人谁无性情？但并非人人都能诗□。诗之有格律，此含乎之结晶。尽管格律可因时而异，因地而异，因人而异，不妨"格无一定"，但总是有格的。

古诗自身本有规律，何况乎诗！诗的规律可以由屈到近代□散文诗，即所谓"文中之诗"（卷二第28则）造辞用字之间亦自有格律。故性情与格律是两件事，有性情而又有格律始能成为诗。□徒有格律而无性情，则□□□□□□□□□□不仅不能成为诗，尤其不能成为文学之文。

二、批评与创作

《随园诗话》卷一第17则论及金圣叹与孔尚任。其评金圣叹云：

　　"金圣叹好批小说，人争薄之。然其《咏野庙》一绝云：'众响渐已寂，虫于佛面飞。半窗关夜雨，四壁挂僧衣。'殊清绝。"

金□叹因好批小说而被人都所蔑视不为之评□。此绝举女《靖绝》之一绝。其意盖曰：好批小说与之都，亦善尚有此一诗。又评孔尚任□□□□□□云：

　　"孔东塘治《桃花扇》曲本，有诗集寄予，住句云：'船衔竹露排樯起，灯引秋蚊入帐飞。'其他首未到称是"。（同上）

这也是诗与曲之间有轩轾，意思是说：作曲是雅的曲本的人，也有两句好诗。

小说与曲本　　大凡金圣叹之批文学批评，孔尚任来□□曲□□　本创作，其实□须表彰。□盖小说之佳作乃"文中之诗"□曲本诗之一体……

十批大错明如火,柳论高瞻灿若朱。

愿与工农齐步伐,涤除污浊绘新图。

他认同毛泽东的意见,承认《十批判书》有错误,表态改正,"涤除污浊"。

不久,郭沫若生病住院了,这次病得很重。毛泽东派人去郭沫若家取走了《读〈随园诗话〉札记》。《读〈随园诗话〉札记》赞誉秦始皇说:"以焚书而言,其用意在整齐思想,统一文字,在当时实有必要。""始皇毁兵,在中国为铜器时代向铁器时代之过渡。且毁兵器而为钟鐻,不更有偃武修文、卖刀买牛之意耶?"[1]毛泽东索要这本书,显然是向郭沫若传递一个信息:郭沫若对秦始皇态度的改变,他是知道的。后来这本书被印成专供毛泽东阅读的大字本。

1976年9月9日,毛泽东逝世,郭沫若无比悲伤。他挣扎着去向毛泽东的遗体告别,为毛泽东守灵。他前往天安门参加毛泽东追悼大会。他写下了《悼念毛主席》七律二首,歌颂毛泽东的丰功伟绩。12月24日,在毛泽东诞辰纪念日前夕,郭沫若一早起床,吟成《满江红·怀念毛主席》:"天柱初移,天恐坠,殷忧难已。人八亿,同心痛哭,倾盆大雨。雨过天青云散净,驱除四害朝晖启。满山河,一片大红旗,迎风舞!"[2]表达了他对毛泽东的怀念。

---

[1] 郭沫若:《读〈随园诗话〉札记》,《郭沫若全集·文学编》(第16卷),人民文学出版社,1989年,第315、316页。
[2] 郭沫若:《怀念毛主席(满江红)》,《沫若诗词选》,人民文学出版社,1977年,第410页。

革命前驱辅弼才

郭沫若（右）和周恩来（左）在西四大院胡同郭沫若寓所

当你站在前海西街18号的院子里，无论是参观郭沫若的会客厅、办公室，还是里院和后罩房的展厅。你总会不断想起一个人，那就是周恩来。周恩来和郭沫若的关系实在太深了。

按照展览顺序，在展厅里，你最初遇到周恩来，是在参观里院东展厅。展厅南墙上有南昌起义领导人名单。1927年南昌起义时，周恩来是前敌委员会书记，郭沫若是主席团成员兼宣传委员会主席。第二次遇见周恩来，是在里院西展厅。在郭沫若五十寿辰纪念会签名轴上，有周恩来的签名；北墙上有周恩来1946年底给郭沫若书信的复印件。当你参观郭沫若会客厅时，看着那一圈马蹄形的沙发，遥想当年坐在沙发上的客人，第一个想到的可能就是周恩来。后罩房西展厅中，有郭沫若1971年给周恩来信的影印件。这封信建议恢复《文物》《考古》等刊物。这个展厅还展出了周恩来逝世后，郭沫若用颤抖的笔迹写下的悼诗的影印件。

这些展示，表征着郭沫若与周恩来之间长达半个世纪的深厚友谊。

一

郭沫若第一次见周恩来，是1926年4月12日。这一天，周恩来和伍朝枢等人到广东大学演讲，郭沫若当时担任广东大学文科学长。他坐在观众席，聆听周恩来演讲。直到晚年，他仍然清晰地记得当时的情景："当周恩来出现在主席台上时，我一下就被他吸引住了。这位我神交已久，听到很多人谈论过他，又读过他很多文章和讲话的人，他那年轻、潇洒和英俊的仪表，以及他那浓浓的眉毛和炯炯有神的双眼，给我留下了极其深刻的印象。""他讲了些什么，我已记不大清楚了，好像讲了工农问题和学生问题。但他那从容不迫的风度，清晰简练的语言，以及通俗透彻的逻辑分析，都令我折服。"[1] 在广州期间，郭沫若和周恩来的交往逐渐多起来。郭沫若决定参加北伐军总政治部，随军北伐。周恩来当时担任广东区委军委书记，对此十分重视。他在北伐军总政治部的部务会议上，强调郭沫若参加北伐政治意义重大，大家都要尊重他，帮助他，让他充分发挥才干。

---

[1] 王廷芳：《战友·兄弟·知音——郭沫若和周恩来在北伐前后》，《回忆郭沫若》，知识产权出版社，2004年，第29页。

《请看今日之蒋介石》书影

1927年，郭沫若在安庆看出了蒋介石背叛革命的真面目，写下了《请看今日之蒋介石》。4月12日，蒋介石在上海发动四一二反革命政变，周恩来组织上海工人罢工。4月14日，郭沫若到达上海，当天晚上和周恩来在李一氓家中见面，他们相互通报了各自经历的情况。鉴于上海形势危急，郭沫若劝周恩来离开上海，周恩来则劝郭沫若回武汉，组织力量讨伐蒋介石。后来，周恩来根据这次会面，联合赵世炎等人致信中共中央，要求出师讨蒋。信一开头就说："郭沫若来，道及九江、安庆捣毁党部、工会，屠杀民众，纯由蒋氏直接指挥。"[1] 这充分说明了周恩来对郭沫若的信任。

南昌起义爆发后，郭沫若于8月4日晚赶到了南昌贺龙军部。"不一会，恩来得着消息也赶来了。他已经在电话中知道了我们捱过打并把一切行李都丢掉了，他随身带了一套蓝布军服，是他所分得的，拿来送我。大家都有说不出的高兴。"[2] 第二天部队撤退。早在1924年翻译日本学者河上肇的《社会组织与社会革命》时，郭沫若就在批判中接受了马克思主义。经过北伐战争的砥砺，他更加坚定了共产主义信仰。在南下途径瑞金、长汀时，郭沫若由周恩来、

---

[1] 周恩来：《迅速出师讨伐蒋介石》，《周恩来文集》（第1卷第1分册），1989年，第37页。
[2] 郭沫若：《南昌之一夜》，《海涛》，新文艺出版社，1951年，第31页。

中國國民黨中央執行委員會秘書處用牋

革命尚未成功
同志仍須努力

逕啓者頊准政治會議函開案總司令部特別黨部執行委員會呈報郭沫若趁附共產黨心背叛訂開去黨籍並通電嚴緝歸案懲辦案當任本會第八十八次會議議決照辦茲案相應錄案并抄同原呈函達查照并登通電將歸案懲辦為荷此致

國民政府

中央執行委員會

中華民國十六年五月六日

1927年5月，国民党中央执行委员会对郭沫若发出通缉令李一氓介绍正式加入了中国共产党,李一氓说:"当时对郭沫若来讲,入党的时机已经成熟了。"①

南昌起义失败后,郭沫若因被国民党通缉,避居上海。1928年2月10日,周恩来和李一氓到郭沫若家,他们一起吃了午饭。应该就在这时候,周恩来代表党组织同意郭沫若去日本。长期在中共中央特科工作的吴奚如后来回忆说:"郭老当时已是著名的革命文学家,政治活动家,而且许多国民党人都认识他。按当时他个人的具体条件,党不能把他当作一个普通党员派到乡村去打游击,也不能让他继续留在上海提倡'普罗文学',听任国民党的杀害。""当年,党中央为了爱护像郭老这样在社会上、在学术界有名望的党员,决定派他们到国外去隐居,专心从事学术研究,成为有声誉的专家,以期在中国革命胜利后回国成为文化界的领袖人物,建设新中国无产阶级文化的基石。"②

二

在里院西展厅中,有一幅郭沫若手持巨笔的照片,还有一个签名轴,上面写满了抗战时期重庆文化界名人的名字。这是1941年11月重庆文化界为庆祝郭沫若诞辰50周年暨创作生活25周年纪念活动所留下的。

全面抗战爆发后,郭沫若秘密回国。他一回到上海,就恢复了组织关系,作为特殊党员,他直接受中共长江局的领导,不过党的

---

① 《李一氓回忆录》,人民出版社,2001年,第88页。
② 吴奚如:《郭沫若同志和党的关系》,《新文学史料》1980年第2期。

1941年，周恩来（左一）、邓颖超（左二）为庆祝郭沫若归国四周年与郭沫若全家合影

小组生活，不和任何地方党委发生关系，以K的代号缴纳党费，他的身份只有少数几个人知道。在武汉时期，他曾经请周恩来公开他的党员身份，光明正大地开展活动。但周恩来认为，他以无党派人士的身份公开活动能够发挥更大的作用。郭沫若服从组织安排。他这无党派的身份，一直到1958年，才以重新入党的方式结束。郭沫若长期保守作为特殊党员的秘密，连他的孩子们都没有告诉。女

1941年，文化界为庆祝郭沫若50诞辰，送给他一支巨笔

抗战时期，周恩来（右一）、郭沫若（中）和阳翰笙（左）在一起

儿郭平英直到他去世后才知道他的真实身份，她感叹说："这样的人在中国共产党内还有很多，他们可能赫赫有名，可能默默无闻，甚至直到献出生命仍不为他们的同志和亲人所知。他们并不悔恨，他们是那样的泰然，因为他们在实践自己的信仰，为自己能成为'蚁桥中的一片砖'而感到欣慰。""他是伟大的自我牺牲者。为国家民族的独立解放，为后来一代的光明幸福，不惜放弃个人事业，牺牲他自己的荣誉以至生命，他就是那投火自焚的凤凰。"①

1941年10月上旬，周恩来等人决定为庆祝郭沫若创作生活25周年和50寿辰，举行全国性的纪念活动，以此来打破沉闷的陪都

---

① 郭平英：《一个共产党员的泰然》，《郭沫若百年诞辰纪念文集》，社会科学文献出版社，1994年，第163页。

政治空气,并安排阳翰笙邀请各方面人士进行筹备。郭沫若很谦虚,他想推辞掉,他在一封信中说:"祝寿之举甚不敢当,能免掉最好。照旧时的规矩来讲,先君于前年五月逝世,今岁尚未满服,更不敢说上自己的年岁来也。"① 但周恩来却劝说道:"为你做寿是一场意义重大的政治斗争,为你举行创作二十五周年纪念又是一场重大的文化斗争。通过这次斗争,我们可以发动一切民主进步力量来冲破敌人的政治上和文化上的法西斯统治。"②

11月16日下午,由冯玉祥、周恩来、老舍等40余人发起,重庆文化界在中苏文化协会举办郭沫若50诞辰暨创作生活25周年茶会。冯玉祥主持了活动并致词。老舍代表全国文协报告郭沫若生平业绩,黄炎培、沈钧儒、张道藩、梁寒操、潘公展、米克拉舍夫斯基等人先后致辞。当日中苏文化协会陈列了郭沫若的创作、翻译著作及手稿等,郭沫若自作的《五十简谱》也悬挂在壁上,此外还挂有各方所送的诗词、歌赋等。

周恩来在这次活动中发表了重要讲话,他高度评价了郭沫若:

郭沫若创作生活二十五年,也就是新文化运动的二十五年。鲁迅自称是"革命军马前卒",郭沫若就是革命队伍中人。鲁迅是新文化运动的导师,郭沫若便是新文化运动的主将。鲁迅如果是将没有路的路开辟出来的先锋,郭沫若便是带着大家一道前进的向导。鲁迅先生已不在世了,他的遗范尚存,我们会愈感觉到在新文化战线上,郭先生带着我们

---

① 郭沫若:《短简》,《戏剧春秋》1卷5期,1941年10月10日。
② 阳翰笙:《回忆郭老创作二十五周年纪念和五十寿辰的庆祝活动》,《新文学史料》1980年第2期。

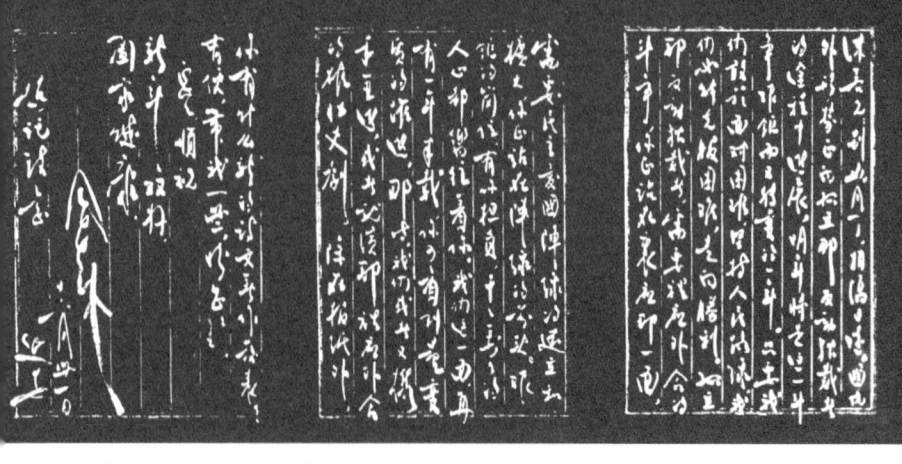

周恩来1946年底致郭沫若信

一道奋斗的亲切,而且我们也永远祝福他带着我们奋斗到底的。

周恩来还说:"郭沫若先生今尚健在,五十岁仅仅半百,决不能称老,抗战需要他的热情、研究和战斗,他的前途还很远大,光明也正照耀着他。我祝他前进,永远的前进,更带着我们大家一道前进!"[1]周恩来的这些话,代表了中国共产党的看法,他公开将郭沫若作为继鲁迅之后文艺界的旗帜,分量是很重的。

三

在里院西展厅,有一封周恩来致郭沫若信的复印件。信是这样写的:

---

[1] 周恩来:《我要说的话》,《新华日报》1941年11月16日。

沫若兄：

别两月了，相隔日远。国内外形势正向孤立那反动独裁者的途程中进展，明年将是这一斗争艰巨而又转变的一年。只要我们敢于面对困难，坚持人民路线，我们必能克服困难，走向胜利。孤立那反动独裁者，需要里应外合的斗争，你正站在里应那一面，需要民主爱国阵线的建立和扩大，你正站在阵线的前头。艰巨的岗位有你担负，千千万万的人心都向往着你。我们这一面，再有一年半载，你可看到量变质的跃进。那时，我们或者又携手并进，或者就演那里应外合的雄壮史剧。除在报纸外，你有什么新的诗文著作发表？有便，带我一些，盼甚盼甚。

匆匆。顺祝

新年双好，阖家健康！

周恩来

十二月三十一日 延安

超托致意。

这封信写于1946年12月31日，当时，周恩来已经回到延安，郭沫若在上海参加民主斗争。

抗日战争结束后，周恩来长期留在重庆、上海等地，和国民政府谈判。中共希望成立各党派的联合政府，但国民党坚持一党独裁。1946年11月15日，在美国特使马歇尔和美驻华大使司徒雷登的支持下，国民党不顾中共和民盟的坚决反对，召开国民大会，制定《中华民国宪法》。这次大会除青年党、民社党和小部分无党派人士参与外，中共和以民盟为代表的大部分第三方面人士都没有参加。

1946年10月底,中共代表团撤回延安前,郭沫若(中)与周恩来(左)、李维汉(右)在上海中共办事处门前告别

这标志着和谈的失败。11月16日,周恩来举行记者招待会并同马歇尔会谈,他指出和谈失败后,中共代表团将不得不回到延安。

周恩来返回延安,对留在上海的郭沫若寄予了很大的希望。11月17日,他在出发前给郭沫若、于立群写了一封信:

临别匆匆,总以未得多谈为憾。沫兄回沪后,一切努力,收获极大。青年党混入混出,劢老动摇,均在意中,惟性质略有不同,故对劢老可暂持保留态度。民盟经此一番风波,阵容较稳,但问题仍多,尚望兄从旁有以鼓舞之。民主斗争艰难曲折,居中间者,动摇到底,我们亦争取到底。"国大"既开,把戏正多,宪法、国府、

郭沫若《疾风知劲草》手迹

行政院既可诱人，又可骗人，揭穿之端赖各方。政协阵容已散，今后要看前线，少则半载，多则一年，必可分晓。到时如仍需和，党派会议、联合政府仍为不移之方针也。弟等十九日归去，东望沪滨，不胜依依。请代向诸友致意，并盼保重万千。[1]

这封信，是对郭沫若在国统区工作的具体交代。郭沫若特意作了一首七律，表达决心，并送别李维汉、周恩来等人：

> 疾风知劲草，岁寒见后凋。
> 根节遘盘错，梁木庶可遭。
> 驾言期骏骥，岂畏路迢遥。
> 临歧何所赠？陈言当宝刀。

周恩来回延安一个月后，又给郭沫若写了我们展出的这封信。在这封信中，周恩来说为了孤立独裁者，他们和郭沫若正在进行"里应外合"的斗争，郭沫若站在了"里应"的前沿。这是对郭沫若在解放战争中的作用的高度肯定。

四

1949年后，郭沫若长期在周恩来的直接领导下工作，他们的友谊经历了历史的考验。

---

[1] 周恩来：《周恩来书信选集》，中央文献出版社，1988年，第356页。

20世纪60年代末,周恩来(前排右四)接见国外某个共产党代表团合影,郭沫若(中排左三)等陪同

1966年8月底,党中央召开了八届十一中全会,通过了《十六条》,林彪提出"罢官论",一些老干部受到冲击。8月29日,红卫兵查抄了章士钊住宅。章士钊致信毛泽东寻求保护。毛泽东批示:"送总理酌处,应当予以保护"。周恩来趁机拟定了一份应予保护的干部名单,名单列出12人,郭沫若排在第二位。

1967年5月25日,《人民日报》重新发表毛泽东1944年1月9日《看了〈逼上梁山〉以后写给延安平剧院的信》,删去了原信中"郭沫若在历史话剧方面做了很好的工作,你们则在旧剧方面做了此种工作"等31字。

周恩来想方设法保护着郭沫若。就在《人民日报》发表删节信的第二天,周恩来在接见"中国科学院夺权委员会"成员和部分干部代表时说:"三结合"要把郭沫若结合进去。7月6日,在中国科学院(京区)"革命造反派联合夺权委员会勤务组"公布的"革命委员会"成员分配比例征求意见稿中,郭沫若和陈伯达作为革命领导干部代表列名由58~60人组成的委员会中。

郭沫若协助周恩来克服各种极左思潮的干扰,在错综复杂的国际环境下,承担了繁重的国务工作。

1971年5月2日晚上,郭沫若陪同周恩来在人民大会堂新疆厅接见了澳大利亚和法国的友人。接见持续了两个多小时。这一波结束后,他们又接见了日本友人。接见在第二天凌晨5点左右结束。虽然是初夏,但凌晨的气温仍相当低。周恩来亲自把国际友人送到了大会堂北门外,和他们一一握手告别。郭沫若陪同周恩来在寒风中站了很长时间。周恩来发现后对警卫人员说:"郭老年纪那样大了,让他在寒风中吹那样长的时间，是很容易感冒的。"[1]的确，79岁的郭沫若，在北方的寒夜中为国事整整熬了一个通宵。但正是这种忘我的工作精神，郭沫若随周恩来等人一道，不断打开中国外交的新局面，为中国赢得了世界人民的理解和尊重。

后罩房的西展厅中，有一封郭沫若写给周恩来的信的复印件，这封信写道：

总理：

关于出土文物出国事，昨天下午，同王冶秋、夏鼐、王仲殊几位同志商量了一下，获得几点意见如下：

一、通知全国各省市区，选择建国以来出土文物之精粹而有复品者，送京挑选，并备详细说明；

二、预定于十月份内初步选出，在故宫先行预展，供领导上审核，初选件数拟定为二千件左右；

三、编印中外文说明书，外文至少应备英、法两种；

四、照相、绘图、椎拓、做模型、复制、修理以及研究、编辑等工作繁多，现考古所只二十余人留京，图博口人手更少，拟由五·七干校调回若干同志备用；

五、出国展览，估计须至明年春末始能筹备就绪，所需经费，请准予专案报销；

六、拟成立一个筹备小组，由王冶秋、夏鼐、王仲殊等同志组成，王冶秋任副组长，吴庆彤同志为组长。

---

[1] 王廷芳：《周总理与郭沫若》，《回忆郭沫若》，第42页。

中国科学院

总理：

关于出土文物出国事，昨天下午，同王冶秋、夏鼐、王仲殊几位同志商量了一下，获得以实意见如下：

一、通知全国各省市区，选择建国以来出土文物之精粹而有彩色者，速寄照造，另备详细说明；

二、预定于十月份初寄送出，在故宫先行预展，供领导上审核，初选件数拟定为二千件左右；

三、编印中外文说明书，排文配少量

郭沫若 1971年致周恩来信手迹

此外，尚有两项请求：

一、《考古学报》《文物》《考古》（此乃简报性质）三种杂志拟复刊，以应国内外之需要；

二、新闻电影制片厂正准备拍一部出土文物展彩色记录片，该厂彩色胶卷已过期八年，拟请文化组拨给够六本用的新彩色胶片。

以上，请批示。

郭沫若

一九六七年七月二十二日

落款的"一九六七年"为"一九七一"之误。原来，1971年7月，郭沫若因准备出土文物出国展览一事向周恩来汇报，趁机提出了这些要求。第四条要求是让部分专家学者得以重返工作岗位。《文物》等刊物1966年停刊，在郭沫若这封信的要求下，《考古》《文物》《考古学报》均于1972年复刊，这是"文化大革命"期间最早恢复的三份学术刊物，有力推动了学术研究的正常化。

郭沫若带头潜心研究，接连写出了许多精彩作品。竺可桢1972年11月20日日记载："阅了杨家借来今年七、八两期《文物》。郭老每期均有文章，今年全年如此，真所谓'老当益壮'，而且每篇均有特出不同意见。"[①] 赞誉之情溢于言表。这一年，郭沫若在《文物》《考古》《考古学报》三份刊物上共刊出了9篇学术文章，如此勤奋在学界是少有的。

---

① 《竺可桢全集》（第21卷），上海科技教育出版社，2011年，第243页。

五

1974年1月25日下午，郭沫若参加中共中央、国务院直属机关"批林批孔"运动动员大会。江青指使迟群、谢静宜借介绍《林彪与孔孟之道（材料之一）》产生过程的机会，在会上做长篇讲话，批判军队系统和中央国家机关系统对批林批孔无动于衷，矛头指向周恩来等人。江青点了郭沫若的名，并让郭沫若当众站了起来。江青一面说郭沫若应当保护，一面又批评郭沫若的《十批判书》。

这次会前，周恩来亲自到郭沫若家里，希望郭沫若和家人都出席，并且叮嘱郭沫若要有思想准备。会议期间，邓颖超找郭沫若的秘书王廷芳聊天，询问了郭沫若的健康问题，并问郭沫若心情如何。当得知郭沫若身边每晚8点以后就没有人值班时，邓颖超关切地说："那怎么成！郭老都80多岁了，夜间身边无人照顾，发生点什么事都没人知道怎么行呢！"她还说："郭老身边一定要有专人值班，这件事我来想想办法。"[①]

当天晚上，周恩来就派国家机关事务管理局负责人李梦夫、高富有来郭沫若家里了解情况。因为郭沫若已经睡下了，他们没有打扰。第二天，他们再次来到前海西街18号，传达周恩来"几点指示"："（一）郭老已是八十岁高龄了，要保护好郭老，保证他的安全；（二）为保证郭老安全，二十四小时要安排专人在郭老身边值班；（三）郭老家的房间和走廊内要铺上地毯，以防滑倒；（四）请郭老从小间卧室搬到大办公室住，以保证充足的氧气。"[②] 郭沫若和于立群

---

① 王廷芳：《友谊绵长 老而弥深》，《回忆郭沫若》，第45页。
② 《周恩来年谱1949—1976》（下），中央文献出版社，1997年，第646页。

请他们转达了对周恩来的衷心感谢。

2月10日下午,江青来到郭沫若家里,她谈了将近3个小时。她批评外交工作中的所谓"蜗牛事件",批评意大利导演安东·尼奥尼拍摄的纪录片《中国》,矛头指向周恩来。她要郭沫若写文章"批周公"。郭沫若不停地咳嗽,很少搭话。

郭沫若当天晚上就发高烧,体温三十九度多,迷迷糊糊说不出话来,被诊断为大叶肺炎住院,直到5月30日才出院。这次发烧,郭沫若种下了肺炎的病根,此后反复发作,在医院的时间比在家里的时间要多。

7月4日,郭沫若因呼吸道感染再次住院。周恩来看了郭沫若的病情报告后,立即通过保健医生张佐良询问病情,他指示北京医院:对老年人用新的药,或者用没有用过的药,要特别慎重;对一定要用的药,需要做皮肤试验的,都应该做。

1976年1月8日,周恩来总理与世长辞。郭沫若听到噩耗后悲痛欲绝,他呆坐在沙发上,没办法站起来。他心情久久不能平静,颤抖着在日记本上歪歪斜斜地写了"风萧萧兮易水寒,壮士一去兮不复还。"30多年前,他跟周恩来在陪都重庆并肩战斗,他在剧本中写高渐离击筑送别荆轲,周恩来很喜欢他的历史剧,那样的情景仿佛还在昨天。

郭沫若抱病在医院饱含深情地写下了悼念诗,并参加了周恩来的追悼会:

革命前驱辅弼才,巨星隐翳五洲哀。
奔腾泪浪滔滔涌,吊唁人涛滚滚来。

1976年，郭沫若病中题写，于立群描摹过的悼念周恩来的诗

盛德在民长不没，丰功垂世久弥恢。

忠诚与日同辉耀，天不能死地难埋。

抱石作画
别具风格

在郭沫若纪念馆的藏品中，有两幅珍贵的傅抱石作品。一幅是挂在里院会客厅西墙上的巨幅国画《拟九龙渊诗意图》，另一幅是在后罩房东展厅展出的《鹰石图》。这两幅傅抱石作品体现了郭沫若与傅抱石之间的深厚友谊，也从一个侧面代表了郭沫若与美术界朋友的深度交往。

一

在郭沫若纪念馆里院的客厅中，西墙上有一幅巨大的国画，这就是傅抱石的杰作《拟九龙渊诗意图》。这幅作品纸本设色，长364厘米，宽146厘米，尺幅在傅抱石作品中较为罕见，十分珍贵。

1963年，郭沫若全家搬进前海西街18号的四合院，四合院的客厅不仅接待科学界、文艺界等各界著名人士，也接待国外来宾，需要好好布置。1965年1月，傅抱石到北京参加三届全国人大一次会议，会议间隙到前海西街拜访郭沫若，他看到了空空如也的客厅东墙。

郭沫若住在西四大院胡同时，客厅挂的是傅抱石的《九老图》，这也是一幅国画巨作，长359厘米，宽149.5厘米。这幅画是傅抱石1952年9月特意为郭沫若的60大寿而作。画面取自白居易的九老典故。画中的主景是两株大松柏，两株松柏之间是六老围着一只古鼎赏玩。郭沫若是考古学家，名鼎堂。从这里可见傅抱石的用心之细微。郭沫若收到这幅巨作后十分兴奋，立即挂在大客厅里，直到搬离西四大院胡同为止。

郭沫若搬到前海西街后，《九老图》又挂在了接待各界宾客的

1963年,郭沫若(右一)与傅抱石(左一)、许麟庐、郁风合作创作《鹰石图》

大客厅的西墙上,但对面的东墙却是空的。傅抱石和郭沫若商量,他准备另画一幅挂在《九老图》现在所挂的位置,把《九老图》挂到对面东墙上。傅抱石开始构思新作,他想到了郭沫若写朝鲜山水的诗歌,那真是诗中有画啊。

1958年秋,郭沫若率领中国人民代表团赴朝鲜参加"朝中友好月"活动。在这次访问中,郭沫若一共写作了48首旧体诗,后以《歌颂中朝友谊》为题收入《长春集》。《人民日报》11月上旬发表这些诗歌后,傅抱石对其中的《游朴渊瀑布》和《游九龙渊瀑布八首》

傅抱石《拟九龙渊诗意图》

等九首诗歌印象十分深刻,在十天之内完成了《拟朴渊》与《拟九龙渊》两幅作品。

《游朴渊瀑布》是一首五律,郭沫若在诗题后注释说:"朴渊瀑布离开城不远。相传有朴姓少年,坐渊畔巨石上吹笛,感动渊中龙女,被诱入渊水中。巨石上有黄真伊草书李白诗句'飞流直下三千尺,疑是银河落九天'十四字,笔势矫健。黄真伊据云乃四百年前朝鲜女诗人,貌美,善歌舞,一般称为黄真娘。瀑布所在高岭

名天马峰,霜叶处处,鲜红如火。"[1]

　　傅抱石《拟朴渊》是一幅长轴。长149.5厘米,宽53.5厘米,纸本设色。画面正中是一飞流而下的瀑布,岩上满是枫树,时值深秋,枫叶经霜后一片殷红。画面左端竖书"拟朴渊"。题识为:"雨余山气静,瀑白万丝悬。树密疑无路,宕奇别有天。笛声渊底出,霜色岭头燃。无数真娘在,啸歌天马巅。沫公游朴渊瀑布,敬写其意,

---

[1] 《郭沫若全集·文学编》(第3卷),第393页。

即求教正。一九五八年十一月八日着笔,十日竟,傅抱石南京并记。"

傅抱石《拟九龙渊》也是一幅长轴。长150厘米,宽54厘米,纸本设色。画面正中是一块连着一块的巨山大石,石缝之间有一瀑布流下。画面左下角是一块突出的大石,石上有松,松下两位游客正对着瀑布。画面左上方有题识:"拟九龙渊。来到龙涎底,群山已觉低。千寻垂白练,万转下云梯。崖峭摩天立,渊深彻地漦。举杯邀玉女,为汝太欹崎。游九龙渊瀑布八首之六,一九五八年九月下浣,沫公应邀率领中国人民代表团赴朝鲜访问,甚盛事也。历时四周,得诗四十八首,中朝友谊洋溢人间,夏历九月廿七日,乃公诞辰,正经营一图为颂,适读鸿篇,如开茅塞。昨日已得《拟朴渊》小帧,敬意犹有未尽,并呈此幅。一九五八年十一月十二日,南京记,傅抱石。"

《游九龙渊瀑布八首》是郭沫若这次访问朝鲜的代表作,他在诗题下注释道:"九龙渊瀑布乃金刚山中名胜之一。观音、玉女均峰名,溪名寒露,上有铁索桥八道。山途沿溪迂回而上,时在此岸,时在彼岸,直达瀑布下。"[①]除傅抱石引用的第六首外,第一首也是诗中有画:"白石乱溪流,银河下九州。观音新出浴,玉女罢梳头。树影谐心定,泉声彻耳幽。浮桥铁索缆,仿佛梦中游。"这两首诗写自然风光,颇具唐人风调。

当傅抱石面对前海西街18号客厅西墙时,他又想到了《游九龙渊瀑布八首》。但1958年创作的《拟九龙渊》是一立轴,不适合西墙。他决定另外创作一幅《拟九龙渊》。这就是现在挂在郭沫若会客厅

---

① 《郭沫若全集·文学编》(第3卷),第393页。

中國科學院

抱石同志：

病中承遠扇面並刻石章感荷。連畫已收到，石章想不日亦可寄到。北京亦漸趨炎熱，南京想更織灼，諸望珍重。專复並頌

百益。

郭沫若 六廿其

郭沫若 1956 年致傅抱石信

傅抱石《拟九龙渊诗意图》（局部）

的横幅《拟九龙渊诗意图》。

《拟九龙渊诗意图》在突出画面正中流向右下角的瀑布外，另在画面左侧画有一流向左下角的小瀑布。两瀑布之间是黛色树木覆盖的山。左边瀑布的左上侧，右边瀑布的右上侧，均为青山。显然，相比于1958年的《拟九龙渊》，傅抱石增加了青山的面积，更加雄浑粗旷，而且画面更具层次感。与郭沫若的《游九龙渊瀑布八首》诗画相映，是当代中国诗意图的经典之作。

傅抱石特别在意这幅画。1965年2月，他把这幅画寄给郭沫若的秘书王廷芳，并仔细交代了装裱注意事项。"兹另邮寄上拙画《九龙渊诗意》一幅，乞察收。如承郭先许可付裱时，有两点请烦注意：① 中央大瀑布稍下松树中和左边瀑布中，有几处小补缀处。付裱时

要交代注意。② 此幅面积比《人物》(指《九老图》)低四公分,但比《人物》长五公分余。相差不大,可以裱的和《人物》同样大。东西相对悬挂,是看不出来的。"①

郭沫若和于立群接到画后十分高兴。"大家一起把画拉开平放在大客厅的地毯上,仔细的观赏了很久。他们二人都称赞画得好,有气魄。他们让我按照傅先生的意见,把画马上送荣宝斋付裱,要用花梨木做画框。不久,这幅山水大画就装裱好了,悬挂到大客厅原挂《九老图》的地方。直到郭先生和立群夫人去世,直到现在,仍然悬挂在那里。郭先生在这间客厅中接待过很多中外朋友,大家都非常称赞和欣赏这幅大画,很多朋友请求以这幅大画为背景同郭先生一起拍过照片,拍过电视,也拍过电影。"② 郭沫若的女儿郭平英在家里多次面对这幅巨作,她后来写道:"这是傅抱石一生创作的郭沫若诗意画中尺幅

---

① 王廷芳:《会看破壁起飞龙——郭沫若所藏傅抱石画作小记》,《回忆郭沫若》,第86页。
② 同上。

最大、气势最见磅礴的一幅。那用水墨皴擦点染的高山流水,并非九龙渊的写实,而是沫若诗情与抱石画意的交响,是诗人与画家30余年友情的汇集,是天地的呼吸、自然的脉动。"[1] 日本客人西园寺公一到郭沫若家做客,被这幅巨幅画所震撼:"我第一次拜访郭老府上的时候,一进客厅,一面大墙上挂着一幅巨大瀑布的中国画,就让我大吃一惊。我站在那里,经过了多少时间我都感觉不到了,我的心魂完全被那雄浑、幽玄的景色,那新鲜的画面夺去了。"[2]

二

郭沫若与傅抱石早在郭沫若流亡日本期间就建立了深厚的友谊。1933年,傅抱石得到国民党江西省政府的推荐,到日本东京帝国美术学校进修。当时郭沫若住在东京郊外的市川,研究甲骨文金文。傅抱石和很多东京的中国留学生一样,常常到郭沫若家拜访。他们谈到美术史等方面的问题。傅抱石后来编成《中国美术年表》,其中提到他之所以决定写作该书,重要原因在于"尝于郭石沱先生道鄙意,亦重荷奖勖。"

傅抱石准备在东京办个人画展,郭沫若热心帮助。1934年11月18日,郭沫若给田中庆太郎写信:"倾有中国篆刻名家傅抱石君(尤善刻细字,且工画)欲与尊台一谈,特为介绍。又傅君欲晤河井荃

---

[1] 郭平英:《交相辉映诗画魂——记郭沫若与傅抱石的友谊》,《新文化史料》1999年第6期。
[2] 西园寺公一:《怀念傅抱石画伯》,《江西文史资料选辑》(第44期),1992年,第58页。

郭沫若题傅抱石画《苍山深渊》赠吴履逊

庐氏,能为介绍尤祷。"这封信没有邮寄,信封上用日语写道:"傅抱石君面呈"①。田中庆太郎长期经营文求堂,在日本汉学界相当有名气。河井荃庐,又名河井仙郎,是日本篆刻界的一代宗师。在筹备画展期间,郭沫若为傅抱石的《瞿塘图》《渊明沽酒图》等画题诗数首。1935年4月17日,傅抱石致信郭沫若,请帮忙催促田中庆太郎和河井荃庐为画展写评语。郭沫若再次致信田中庆太郎:"倾得傅抱石氏来信,言前日所拜托关于篆刻评语,恳于二十二、三日赐下。又盼能转托河井仙郎氏赐题数语。来函照转,乞一过目。"②

在郭沫若的大力帮助下,1935年5月10日,傅抱石个人画展在东京银座松坂屋如期举行。多年后,郭沫若还记得当初的盛况:"抱石在东京时曾举行过一次展览会,是在银座的松坂屋,开了五天,把东京的名人流辈差不多都动员了。有名的篆刻家河井仙郎,画家横山大观,书家中村不折,帝国美术院院长正木直彦,文士佐藤春夫辈,都到了场,有的买了他的图章,有的买了他的字,有的买了他的画。虽然收入并不怎么可观,但替中国人确实是吐了一口气。"③这次画展的成功,奠定了傅抱石在美术界的地位。

全面抗战爆发后,傅抱石进入国民政府军事委员会政治部第三厅艺术处美术科工作,在郭沫若领导下从事文化抗战。1942年,傅抱石在重庆办个人画展,郭沫若一口气为他的八幅画题诗,其中《题屈原像》《五柳先生像》《渊明沽酒图》都是长诗。

1944年11月16日,郭沫若53岁生日。周恩来同徐冰、冯雪

---

① 《郭沫若致文求堂书简》,文物出版社,1997年,第303页。
② 《郭沫若致文求堂书简》,第309页。
③ 郭沫若:《竹阴读画》,《郭沫若全集·文学编》(第10卷),第302—303页。

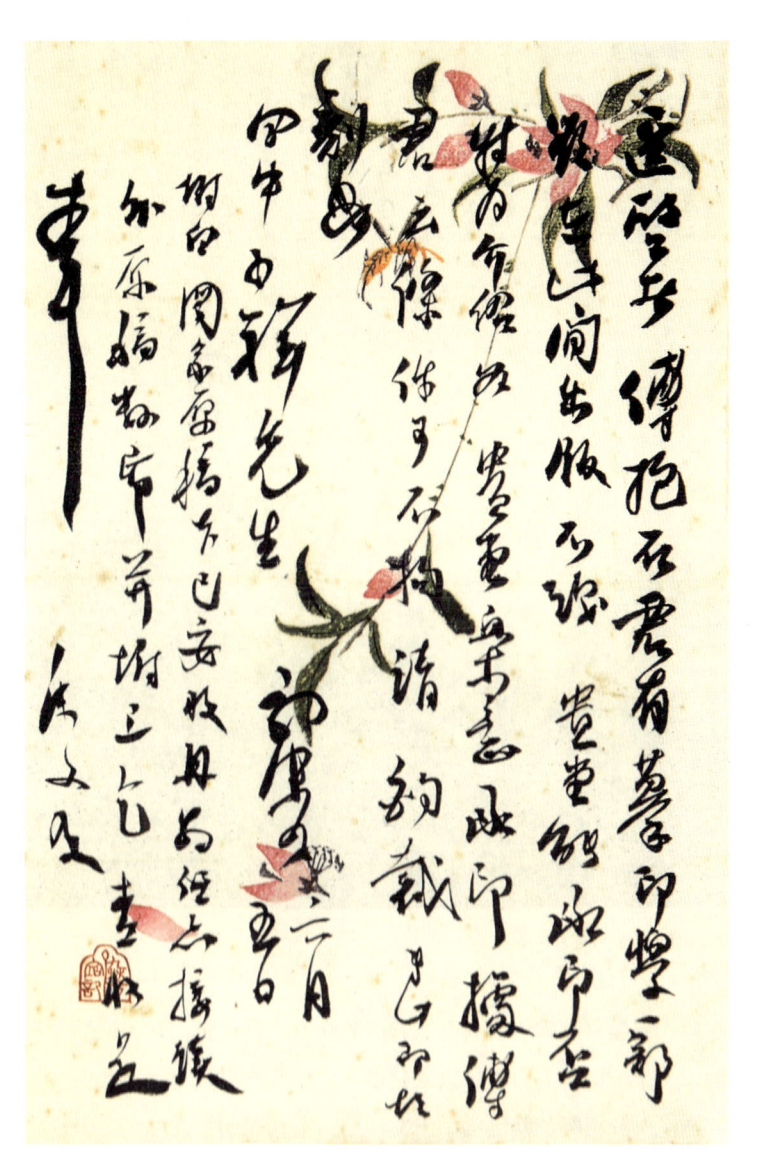

20世纪30年代,郭沫若写信给田中庆太郎推荐傅抱石的著作

傅抱石《屈原像》

峰等人专程来到赖家桥乡下给郭沫若祝寿。傅抱石、李可染等人布置了一个小型画展。周恩来兴致很高，他向傅抱石求得《湘夫人》和《夏山欲雨图》两幅画。当时，日军发动豫湘桂战役，中国抗战进入最为惨烈的阶段。傅抱石在《湘夫人》下方写有长跋："屈原九歌为自古画家所乐写,龙眠李伯时,子昂赵孟俯,其妙迹足光辉天壤间。予久欲从事,愧未能也。今日小女益珊四周生日,忽与内人时慧出楚辞读之,袅袅兮秋风,洞庭波兮木叶下。不禁彼此无言。盖此时强敌正张焰于沅澧之间,因相量写此……"对于"强敌正张焰于沅澧之间",大家心头像压了一块大石头。但郭沫若是乐观的:假如湘夫人生在今天,她一定会奋起保家卫国。于是他为《湘夫人》题了两首绝句:"沅湘今日蕙兰焚,别有奇忧罹此君。独立怆然谁可语?梧桐秋叶落纷纷。""夫人矢志离湘水,叱咤风雷感屈平。莫道婵娟空太息,献身慷慨赴幽并。"落款写道:"恩来兄以十一月十日由延安飞渝。十六日适为余五十三初度之辰,友好多来乡居小集。抱石、可染诸兄出展其近制,恩来兄征得此湘夫人图将携回陕北。余思湘境已沦陷,湘夫人自必以能参加游击战为庆幸矣"。两天过后,他又在傅抱石送给周恩来的《夏山图》上题了一首七绝:"万山磅礴绿荫浓,岚色苍

▎傅抱石《夏山欲雨图》

傅抱石《湘夫人》

茫变化中。待到秋高云气爽，行看霜叶满天红。"落款："甲申十一月十日恩来兄由延安飞渝，十六日来赖家桥小聚，求得此画嘱题"。"行看霜叶满天红"，充满了对抗战胜利的乐观信念。

1947年，郭沫若为傅抱石的个人画展写了《勖抱石——为傅抱石画展作》。文章说："傅抱石教授在中国国画坛上有他卓越成就是毫无疑问的事。""他的才力丰裕，学力深厚，工力稳健。作画大有气魄而不荡逸规矩，时新机杼而不卖弄才气。韩退之于其为文，以'沉浸浓郁，含英咀华'自标举，我觉得这八个字是可以移来评抱石其人及其画的。""一个真正伟大的画家必须成为人民的画家。以抱石的才力学力工力，于师法自然，沉浸古逸之余，必须透彻于人民的生活，以'入地狱'的精神，从污池中再开出莲花。把小我向大我中解放，一个人的成就然后才能够成为真正的大成。"[1] 这是对傅抱石的赞美，也对是他的鼓励。

---

[1] 郭沫若：《勖抱石——为傅抱石画展作》，《大公报·大公园》1947年10月23日。

抱石作画善具风格，人物善能传神，山水独开生面。尤于笔法基础之上掬取新法，而能脱出窠臼，诚近代有数之画家。

吾尝言，中国画界南北有二石，北石即齐白石，南石即抱石。今北石已老，尚望南石经历风云，亦遂飞跃也。

一九五七年五月十日

郭沫若题

郭沫若为《傅抱石画集》所写序言

1957年5月，傅抱石的第一部个人画集就要在人民美术出版社出版了，这对于傅抱石来说是一件大事。郭沫若特意题写了书名，并为该书写了序言："抱石作画别具风格，人物善能传神，山水独开生面。盖于旧法基础上摄取新法，而能脱出窠臼，体现自然。""吾尝言：我国画界南北有二石。北石即齐白石，南石即抱石。今北石已老，尚望南石经历风霜，更臻岿然。"可见郭沫若对傅抱石的评价十分高。《傅抱石画集》中收录的《丽人行》《兰亭图》《桐阴读画》《金刚坡下全家院子》《湘夫人》等珍品均为郭沫若所收藏。

前海西街18号的女主人

在前海西街 18 号，我们处处都能看到和于立群有关的物件。外院的妈妈树每年依然果实累累。里院展厅中有多幅于立群郭沫若和孩子们的全家福。书房里挂着于立群隶书《沁园春·雪》。后罩房的"妈妈屋"是于立群生活和工作了 16 年的地方，这里有她生前用过的电视机、书案、毛笔、方桌、书架等，墙上挂着她和郭沫若合作的书画作品。

这位伴随了郭沫若 40 年的女性，究竟有什么样的故事呢？

一

1937 年全面抗战爆发后，郭沫若秘密回到国内。他不能带安娜和孩子们，因为日本宪兵监视很严。回国后郭沫若立即参加文化抗战，前线采访，办报，演讲，忙得很，也结识不少人。于立群就是此时认识的。

于立群出身名门，祖父于式枚（1853—1915），是清朝同治年间的进士，历任礼部、吏部、学部侍郎等职，官至从二品。于式枚笃信佛教，没有结婚，将胞弟的儿子于孝侯收为继子。于孝侯就是于立群的父亲。于立群的母亲是清末两广总督岑春煊的侄孙女，生有六女一男，立群排行第三，从小天资聪颖。但于家家境越来越困难。1930 年，于立群考入上海明月歌舞剧社，后来又进入上海电影界，艺名黎明健，拍电影，演话剧，成为知名艺人。

于立群的姐姐于立忱，1930 年考入北平师范大学，在校期间成为非常活跃的文学青年。她曾被国民党特务逮捕，获释后在《大公报》工作。1934 年，于立忱担任《大公报》东京特派记者，常去访问郭

郭沫若于立群合作书法赠焦菊隐

沫若。郭沫若对她印象特别好。

1937年初，由于《大公报》不再承担她在日本的费用，于立忱返回上海。5月，于立忱因为疾病和忧郁自缢身亡。28日，郭沫若接到于立忱的死讯，在日本的交往萦绕在他的脑海，久久挥之不去。他写下了《断线风筝》来纪念这位早逝的才女。郭沫若回到上海后，第四天就跟朋友一起去凭吊于立忱的墓。他感叹着："这样的一位好女子，实在是不应该死的"，对于立忱的死，他"有点害怕，立忱所走的路，似乎暗示着了我自己的将来。"[①]

全面抗战爆发后，于立群在上海同林林、姚潜修等文化人一起在法租界一所国际难民收容所里工作。郭沫若同她认识了。当时郭沫若在《救亡日报》工作，他们时常见面，好几次还一起上前线慰劳抗战将士。《救亡日报》总编辑夏衍也把照顾好郭沫若生活的任务交给于立群。郭沫若对于立群印象非常好。"经过林林诸位的介绍，我认识了立群，顿时感到惊异。仅仅二十来往岁，在戏剧电影界已经能够自立的人，对一般时髦的气息，却丝毫也没有感染着。两条小辫子，一身蓝布衫，一个被阳光晒得半黑的面孔，差不多就和乡下姑娘那样。而她对于抗战工作也很出力。'八一三'以后时常看见她在外边奔跑。"[②]郭沫若还在轰隆的炮声中将于立忱的《咏风筝》书写出来送给于立群。

[①] 郭沫若：《回到上海》，《郭沫若全集·文学编》（第13卷），人民文学出版社，1992年，第430、431页。
[②] 郭沫若：《洪波曲》，《郭沫若全集·文学编》（第14卷），人民文学出版社，1992年，第12页。

上海沦陷后,郭沫若南下广东,继而到了香港。他到香港的第二天,从九龙访友归来,于皇后大道转雪厂的十字街口遇到林林、姚潜修、叶文津、郁风、于立群等人。于立群等人决定当天下午就从海陆通旅馆搬到郭沫若下榻的六国饭店住宿。他们住在一个饭店,接触的机会更多了。郭沫若后来回忆说,就是在香港这一星期左右,他开始和于立群相爱。

12月7日,郭沫若与于立群等人同船奔赴广州。在广州期间,郭沫若与于立群时常见面,在得知郭沫若要前往武汉的消息后,于

郭沫若于立群1938年在武汉

立群搬到郭沫若所住的新亚酒楼。"她一搬来,不声不响地整天价只是读书写字。她写一手黑顿顿的大颜字,还用悬肘。这使我吃惊了。我从前也学写过颜字,在悬肘用笔上也是用过一番功夫的。我便问她,是什么时候学过书法?她告诉我:是他们的家传,祖父是写颜字的,母亲也是写颜字的,从小便学来这一套。这大概也是一种家庭教育吧?颜字的严肃性可能起规范作用,使一个人的生活也严肃了起来。有了这样一位严肃的'小妹妹'在旁边写颜字,惹得我也陪着她写了几天大颜字。"[1] 两位书法家难得这样的雅致,抗战烽火中的郭沫若暂时拥有了宁静的心境。

二

1938年初,陈诚召郭沫若去武汉,请他担任国民政府军事委员会政治部第三厅厅长。郭沫若到武汉后,对于第三厅的人事安排不满意,于是跑到了长沙,他想去南洋募捐。周恩来准备就任政治部副部长,他希望郭沫若能够担任三厅厅长,陈诚也准备做出一些让步。于是,周恩来让于立群带着他的亲笔信去长沙请郭沫若回来。于立群什么行李也没带就到了长沙,这是下定决心要尽快把郭沫若带回来的意思。郭沫若见了于立群,和她一起尽情游了一天岳麓山。第三天就一起回到武汉,投入第三厅的筹备工作。田汉开玩笑说,还是爱情的力量大啊。

1938年,郭沫若和邓颖超一起,介绍于立群加入了中国共产党。

---

[1] 郭沫若:《洪波曲》,《郭沫若全集·文学编》(第14卷),第18—19页。

1939年4月，他们的长子郭汉英出生了。郭汉英后来成长为著名科学家。不久，郭沫若和于立群在重庆举行婚礼，周恩来、田汉、洪深、阳翰笙等80余人参加。郭沫若和于立群胸前都戴着大红花。郭沫若"内穿纺绸衬衫，外套浅灰色西服，领口上结着领带，白晰的面庞，显得很有精神"，于立群"着浅花旗袍，刚刚整理过的头发乌黑发亮，果然是满面春风。"[①] 周恩来主持婚礼，他说这不仅是婚礼，也是满月酒。于是大家纷纷表演节目，朋友们献诗、唱戏，十分热闹。

1940年，他们的长女郭庶英出生；1942年，次子郭世英出生；1943年，三子郭民英出生。随着孩子越来越多，郭沫若的创作也进入了高产期，1942年，他接连写下了《屈原》《虎符》等历史剧，1943年开始，他又开始进入先秦诸子思想的研究。照顾孩子和家务琐事都由于立群承担，真够她操劳的。于立群刚和郭沫若一起生活时，在家务上基本上是门外汉。她不知道油炸过的花生米要等花生凉了才会脆，而是一直把花生米炸黑。她不会做衣服，买一块布回来，把汉英放在布上，按照汉英的形体剪裁。但几年下来，她学会了做衣服、做鞋子、织毛衣、做饭、剪头、医治常见疾病等等。孩子们淘气，她也有办法。郭沫若好客，很多文艺界的朋友，无论是从延安、香港等地来，还是在重庆揭不开锅的，都到郭沫若家里来吃饭。郭沫若家常常宾朋满座，有些朋友来晚了，就站着吃。这都需要于立群张罗。郭沫若能安心创作和研究，能有那么多时间投入社会活动，能成为朋友们尊敬和信任的文化界领袖，于立群的付出之巨大，当过家的人都能够体会到。

[①] 郭开鑫：《郭沫若与于立群的婚礼》，《沙湾文史》1986年第2期。

1945年，郭沫若受苏联科学院邀请前往访问苏联。这是郭沫若和于立群结婚以后第一次出远门。于立群带着四个孩子，不仅忙着准备郭沫若的行装，还不停接待前来送别的朋友们。离家之前，郭沫若要求照一张全家福。3岁的世英来了倔脾气，他一定要穿裙子照相，又哭又闹折腾了一个多小时。于立群无奈，只好满足他，把给庶英做的一条花布裙给他穿上。照片上的世英穿着裙子，特别神气。离别这天，于立群到九龙坡机场送别。苏联大使馆的费德林博士开玩笑说，按照苏联的规矩，是要拥抱的。但于立群不来这一套，只是轻轻叮嘱郭沫若：少喝些酒啊。

郭沫若离开家第三天，于立群就给他写了一封信："你安心地去完成你那伟大的使命吧。家中一切都平安，只是寂寞得难受。因为你走的路太远了，怎么能够安定呢？同你在一起的时候不觉什么，事实上分开了真觉得自己是一条迷了路的小羊，既年青又无智。唯一的希望是你要多多注意自己的身体，并时常能得到你的消息。"[1] 郭沫若接信后反复阅读，他多么想把立群和孩子们都带在身边啊。8月8日，在苏联的郭沫若回想起于立群机场送别的情景，以于立群的口吻写了一首民歌。"送郎送到九龙坡，郎将飞往莫斯科，我欲拥抱奈人多。适彼乐土爱得所，纵不归来亦较可，可怜留下一个我。""天有云兮云有波，山有树兮树有柯，我如木鸡回旧窝。忽闻儿女语伊哦，要我飞去寻爹爹，顿教眼泪自滂沱。"[2] 这是郭沫若对于立群的思念。事实上，于立群在重庆可上进了。她参加妇女联合会，出席社会活动，学俄语，写《端午节零絮》发表在《新华

---

[1] 郭沫若：《苏联纪行》，《郭沫若全集·文学编》（第14卷），第331—332页。
[2] 同上，第440页。

郭沫若访苏前夕与家人合影

日报》，带孩子们打预防针。日子过得紧张而又充实。

郭沫若从苏联回来了，苏联驻重庆代表米克拉舍耶夫斯基和费德林博士到郭沫若家庆祝，他们开怀畅饮。米代表醉了，从楼梯上滚下来。郭沫若也醉了，坐在一旁酣睡。庶英以为郭沫若死了，大哭着喊：爹爹死了，爹爹死了。最忙的是于立群，要照顾大人，还要哄孩子。

三

1946年，郭沫若全家搬到上海狄思威路719号，这一年，他们的小女郭平英出生了，他们在这里一直住到1947年10月。郭沫若参加了国统区的民主运动，家里的重担都在于立群身上。几个孩子正好到了最淘气的时候。郭庶英回忆说，她的兄弟们"不时干几件让父母亲操心、担惊受怕的事。穿着棉袍的民英落进了院里的水池里，大弟弟世英又不敢去叫大人，站在池边一边叫着'游过来，游过来'；又一面用一根细竹竿去够他，准备救他。开会的大人听见世英的叫声跑了出来，民英被捞起来时嘴唇都冻得发紫了，以后就病了一场。""另一次，记得妈妈在楼上那间日式的房里和我们坐在榻榻米上玩，一个乒乓球被压扁了，好心的哥哥汉英跑去到另一间房里想用开水把球烫圆，弟弟民英跟着跑过去。只在一瞬间听见哇哇的惨叫，汉英吓呆地站着，民英从头到脚被刚灌瓶不久的开水连同碎胆的玻璃碴大面积烫伤扎伤了，民英那时才4岁。"[1] 虽

---

[1] 郭庶英：《我的父亲郭沫若》，第69—70页。

立群：你是我精神上和肉体上的有力的支柱，我这十载年来可以说是完全靠着你的支持和鼓励，雏维持到现在的。五人的小儿女在你的爱护和教育之下，我相信一定都能够坚强地成立，但可不要累赘你了。希望要保重你的身体，不要过于爱劳，将来需要你做的事情还很多。我暂时尽

南了你，也一定要更加保重我自己。除作革命工作和努力之外，不作任何无意义的消耗。我相信我们不久又会团圆的，而且经过着重更自由更幸福的生活，望保重，千万保重。

你的鼎
一九四八年
九月二日

郭沫若 1948 年 9 月致于立群信

然郭沫若陪民英住院期间，构思了一篇《〈诅楚文〉考释》，但这些事都让他们夫妇尤其是于立群操碎了心。

在里院西展厅北墙上，展览着郭沫若致于立群的一封信。信这样写到："立群：你是我精神上和肉体上的有力支柱，我这十几年来可以说是完全靠着你的支持和鼓励而维持到现在的。五人的小儿女在你的爱护和教育之下，我相信一定都能够坚强地成立，但可太累赘你了。希望要保重你的身体，不要过于忧劳，将来需要你做的事情还很多。我暂时离开了你，也一定要更加保重我自己，除作革命工作的努力之外，不作任何无意义的消耗。我相信我们不久又会团圆的，而且能过着更自由更幸福的生活。望你保重，千万保重。你的贞 一九四八年九月二日。"

原来，郭沫若为响应中共中央的五一口号，决定和李济深、何香凝、沈钧儒等民主人士一起，北上解放区，共谋新政权的建立。这次北上，郭沫若要先走，于立群带着孩子们等机会成熟再来。北上行动是秘密的，因为很可能被特务破坏和暗杀。所以郭沫若将早就写好的《抗战回忆录》在《华商报》连载，郭沫若已经动身了，报纸还在继续连载，造成郭沫若仍然在香港的印象。郭沫若走后，于立群给孩子们说：爸爸到达德学院去了。因为她怕孩子们管不住自己的嘴。郭沫若是1948年11月23日晚出发的，于立群带着五个孩子半年后从香港出发。孩子们在船上特别淘气。据郭庶英后来回忆说："我们几个大孩子别出新招，从小房后的攀梯爬上屋顶，滚到帆布篷上随着海风忽起忽落，随之一上一下地腾空、下落。朋友们叫来了妈妈，妈妈说她赶过来一看，面对眼前的这种情景，都不敢看了。万一船在风浪中倾斜，几个孩子就会顷刻落入大海中。

1948年11月底，郭沫若北上前夕与家人合影

妈妈不敢大叫,便哄着我们在强壮男士的帮助下,把我们一个一个抱下来。随后的严厉训斥,使我们再也不敢胡闹了。"[1] 带上这帮淘气包,于立群的精神压力可想而知。

四

1949年后,郭沫若承担了繁重的行政工作和外事活动。他常常忙得回不了家,即便在家里,也是一吃完饭就坐在书桌边,开始批阅文件,回复信件,撰写书稿。于立群担任郭沫若秘书,收发并帮助处理各种文件,此外,她还要操劳家务。

于立群很能吃苦。1951年底,她去广西参加土改,坚持跟农民同吃同住同劳动,而且要坚持土改完成了才返回北京。这期间,郭沫若给于立群写了二十封信,孩子们也给立群写信。郭庶英回忆说,"一次平英给妈妈写信,他画了一个女孩拿着花,站在一棵树下,树上一只鸟在飞。妹妹还给画涂了颜色,很可爱;两个弟弟世英、民英也各画了一幅,世英感冒发烧,但他仍然要画。"郭沫若也担任了一段时间的"妈妈"角色,周末带孩子们去逛公园,去参加科学院的新年晚会。1952年5月,于立群回到北京,又黑又瘦。她给家人讲土改见闻,"广西农民百姓十分贫穷。吃的米里多是糠,用酱油泡着辣椒,一点油水也没有,还当作好菜让着工作队的同志'吃、吃'。看着主人只用筷子醮醮、舔舔带着辣味的酱油下饭,谁也舍

---

[1] 郭庶英:《我的父亲郭沫若》,第95页。

于立群书案

不得去夹碗里的辣椒。"① 于立群还讲到她亲身经历的一个青年杀死另外两个青年的故事,觉得这件事教育了她。

于立群有一段时间身体很不好,朋友们告诉她,书法可以使身体好起来。于是她更加勤奋地练习书法。就在"妈妈屋"的书案上,她用了整整一个夏天书写毛泽东诗词。1965年7月26日,毛泽东给她回了一封信。信中说:"一九六四年九月十六日你给我的信,以及你用很大精力写了一份用丈二宣纸一百五十余张关于我的那些蹩脚诗词,都已看过,十分高兴。可是我这个官僚主义者却在一年之后才写回信,实在不成样子,尚乞原谅。你的字好,又借此休养

---

① 郭庶英:《我的父亲郭沫若》,第103、105页。

妈妈屋中悬挂的于立群篆书《沁园春·雪》

脑筋，转移精力，增进健康，是一件好事。"[1] 这封信，是对于立群书法的高度评价，也是对她的关爱和鼓励。

于立群有文艺家的气质。1961年，他们夫妇去黄山，住在桃花溪畔的小白屋，他们拒绝了服务员送餐上门。"总是自己步行一段石级小路，到餐厅去，遇到正在用餐的客人，不管认识不认识，都亲切地打一声招呼。春夏之交正是黄山的雨季，有不少时候，都是云雾缥缈，晴晦难测，就是遇到这样的天气，郭老也坚持到食堂去用餐，尽管时光已经流逝了几十年，我还依旧记得郭老夫妇在黄山的潇潇细雨中共打一把伞相互搀扶着到食堂用餐的情景。"在黄山

---

[1] 《毛泽东书信集》，中央文献出版社，2013年，第574页。

期间，"当郭老忙于接待一些宾客的时候，于立群同志总是喜欢一个人徜徉于那条从山间奔流而下，留下一路神秘泉声又蜿蜒而去的桃花溪畔，有时天色尚早，桃花峰上刚刚染上了一缕紫色晨曦，人们便会看到她一个人披着一件黑色披风，伫立于桃花溪畔那座惟一的小桥的一端，默默地听那泉声如泣如诉，任黄山的轻风拂动着她尚未见白的发丝。在暮色横溢河谷的时候，人们也会常常看到她辗转于溪中的盘石中间，注视着一直沉潜于透明的水流下的那些从来不被人注意的普通的石块"。最有意思的是登黄山那天。于立群一早出发。郭沫若还在吃早饭的时候，接到于立群从半山寺打来的电话，说：郭老，你快来追我呀。郭沫若立即出发，赶到半山寺时，于立

▍郭沫若于立群在宁波天一阁

群已经到了玉屏楼，打电话到半山寺让郭沫若去追她。最后一直追到北海宾馆。七十岁的郭沫若登到顶了。"当郭老到达北海的时候，于立群早已迎候在散花坞前，没有拥抱，没有握手，没有搀扶，彼此报答对方的，只有洋溢着青春气息的胜利微笑。"①

于立群是开朗的。1962年，他们夫妇到舟山视察。驻扎在舟山的文工团战士们表演起了自己编排的小节目。据在场人员回忆："郭老和于立群同志同战士一样，用了一条战士们自己做的普通帆布小板凳，满面笑容坐在队列前面，看得这么认真，神态又那么谦逊，每个节目完了都热烈鼓掌，完全象是普通一兵，原先那紧张、拘束的情绪不翼而飞了。整个演出过程，郭老和于立群同志兴致都很高。当演出活报剧《蒋介石与宋美龄》时，看到战士们那幽默、形象的表演，于立群同志禁不住大声地笑起来。郭老马上挺认真地提醒她说：'咳，不要影响同志们看戏哟！'说着，他自己也笑出了声。"②

五

1965年，郭沫若、于立群夫妇住在广州白云山山庄别墅消夏，合作创作了一些书画。据陪同他们的罗培元回忆："于立群以于碧树的名，用齐白石的笔法，画了五幅彩墨画。当她给我看后，我觉

---

① 严阵：《郭沫若先生在黄山》，《严阵散文选》，大众文艺出版社，2006年，第267、269页。
② 姚彩勤：《郭老在战士中》，《书来墨迹助堂堂——郭沫若同志浙江题咏》（《西湖丛书》第三辑），第103页。

1961年，郭沫若全家在海南岛留影

得很好，她就答应送我了。我用手比划着说请郭老题上字更好，她答应了，走向郭老竟说，培元同志嫌我的画不够斤两，要你题字才要。郭老大笑说，我耳朵虽不灵，你们的用意我全晓了。他立即研墨提笔，对他夫人说，你这画虽好，也只合配上打油诗。郭老不愧是才华横溢的大诗人，也是颇具幽默感的人物，五幅画的题词，不略思索，一挥而就。"[1]

---

[1] 罗培元：《登高远行 我负其导——从郭沫若同志游、学之杂忆》，《郭沫若诞百年诞辰纪念文集》，第113页。

郭沫若题于立群画牵牛花

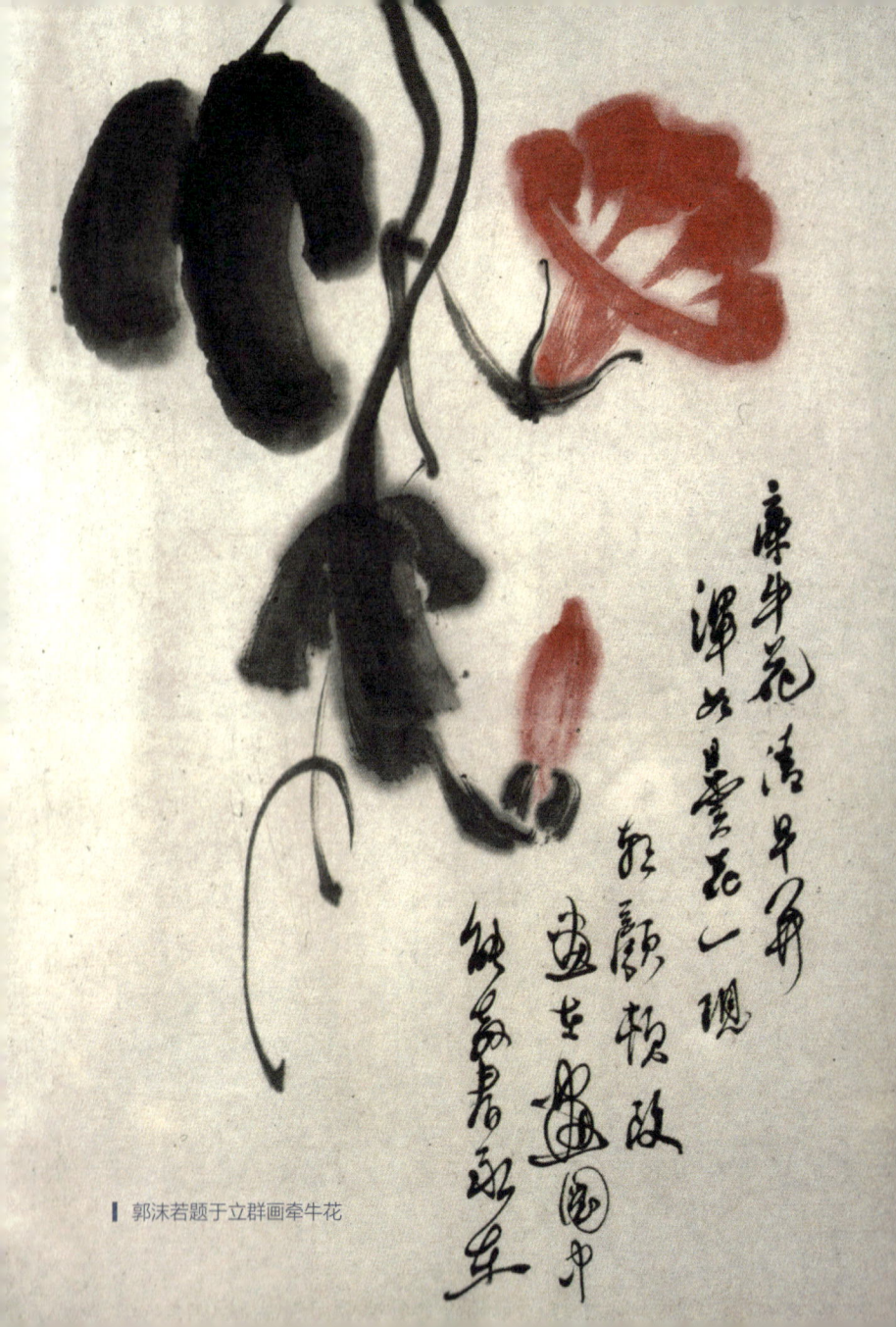

于立群画一朵莲花,郭沫若题诗说:"出水芙蕖尘不染,三枝表现去来今。欲得花常好,须如莲子有苦心。"于立群画一幅牵牛花,郭沫若题诗道:"牵牛花,清早开,浑如昙花一现,朝颜顿改。"于立群画了一幅葫芦,郭沫若题诗说:"大葫芦,是酒壶。壶中之酒何酒乎?茅台三杯入我肚,我将振笔作大书。赛过羲之王,超越东坡苏。哈哈哈,请君莫道我狂夫。"于立群画了白菜和红海椒,郭沫若题诗道:"红海椒,大白菜,对此令人口胃开。口水三丈长,有如王家大娘裹脚带。买来油炸臭豆腐,香味遍九垓。"于立群画一幅枯树开花,郭沫若题诗道:"此乃画乎抑是诗,活像老大娘,头插花一枝,春风无私意,不问妍与媸。"

郭沫若于立群夫妇诗画相映,幽默风趣,在一旁观看的罗培元不禁感叹道:"诗配画,画配诗,我看得虽不多,但像郭老夫妇这样妙趣横生,看了使人忍俊不禁。画确有齐璜笔意,郭老的字是兴之所至,任意挥洒,一气呵成,虽不能说赛过羲之王,潇洒飞扬却大大超过东坡苏,是可断言的。"[1]

郭沫若、于立群合作的书画作品,除上述五幅外,还有多种。最有趣的是《六只螃蟹》。这幅作品作于60年代中期。于立群画了六只螃蟹。画面中间的四只以浓墨画出,聚在一起。画面下方的两只以淡墨出之,似乎在看着那四只螃蟹。郭沫若在画面左侧题诗:"螃蟹、螃蟹、螃蟹,一共六只螃蟹。四只在打扑克,两只在旁谈胜败。快请烧锅开水来,亢八郎为我组成小酒菜。你也爱,我也爱;

---

[1] 罗培元:《登高远行 我负其导——从郭沫若同志游、学之杂忆》,《郭沫若百年诞辰纪念文集》,第113页。

郭沫若题于立群画螃蟹

各吃三只公平无碍，姜醋在旁喜满怀。渊默之中起惊雷，让我们也献出自己，好不快哉，快哉，快哉。"

郭沫若、于立群这对夫妇在晚年经历了磨难。郭民英生于1943年，是郭沫若与于立群的第四个孩子。他在中央音乐学院学习期间，将家里的录音机和西洋音乐的唱片带到学校和同学们一起听。有学

生写信举报,说他们提倡资产阶级趣味。这封信被刊登在内部参考资料上,放到了毛泽东的案头。毛泽东批示调查。郭民英被迫退学。郭沫若推荐他到海军部队中去锻炼。郭民英在部队里表现很好,成为中共预备党员。但在1967年春天开枪自杀。郭世英生于1942年。1962年考入北京大学哲学系。他和一些同学组织诗社,进行先锋诗歌创作,后来被人揭发。他被下放到西华农场劳动。两年后进入农业大学学习。1968年,他被造反派关押,不久在农业大学从三层楼上摔下死亡。两个儿子的死,对于这对老年夫妻来说是十分沉重的打击。1978年6月,郭沫若逝世,不到一年,于立群也在悲痛中离开了人世。

女神

(劇曲詩歌集)

郭沫若著

1921.

昂首天外的新诗人

《女神》初版本

在郭沫若纪念馆前院东展厅东墙前正中位置，有一个150厘米高的黑色柱形展柜，展柜玻璃面向外呈45度倾斜，玻璃中的红绒布面上躺着《女神》初版本。用一个里程碑式的独立展柜来展出一本书，这在郭沫若纪念馆是仅有的，体现了展览设计者对《女神》的重视。

《女神》是郭沫若的第一部新诗集，被称为中国现代第一部成熟的新诗集，也是现代新诗的经典之作，至今仍产生着重要影响。

一

郭沫若的挚友李一氓曾说："《女神》事实上很多情诗，是写给日本夫人安娜的。"[1] 的确，《女神》中创作时间最早的诗歌，是《爱神之什》中的部分篇章，其灵感正是来源于郭沫若与安娜的爱情。

1916年夏，在冈山六高就读的郭沫若前往东京看望因肺病在圣路加医院住院的朋友陈龙骥。在郭沫若的劝说下，陈龙骥从圣路加转到养生院，但不久就去世了。8月上旬，郭沫若去圣路加医院领

---

[1] 徐庆全：《关于"郭沫若著作编辑委员会"成立会议记录》，《中华读书报》2004年4月14日。

1923年郭沫若和安娜及孩子们的合影

在冈山第六高等学校就学的郭沫若

取陈龙骥的遗物，遇上了护士安娜。安娜听说郭沫若的友人死了，流了眼泪，还说了些安慰的话。从她眉宇之间，郭沫若发现了不可思议的圣洁之光。

安娜原名佐藤富子，1896年出生于宫城县黑川郡大衡村。母亲家是仙台藩士族，父亲佐藤卯右卫是基督教牧师。安娜曾在仙台尚绸女校就读。她学习成绩优异，英语尤其好。她具有侠义精神，常常拿出钱来帮助那些困难学生。学校毕业典礼让她致辞，她没有按照老师的要求念，而是用了一种古怪的腔调，打乱了毕业典礼的秩序，体现出一定的叛逆精神。毕业后，母亲要她结婚，她默默反抗着。不久，她离开家来到圣路加医院工作，遇上让她爱了一生的中国留学生郭沫若。

8月中旬，安娜应诺从医院将陈龙骥的遗物寄给郭沫若，还写了一封英文长信安慰他。此后，他们平均每个星期都有三四封信来往。两人相爱了。郭沫若觉得安娜做护士可惜了，劝她考女医学校，并准备把留学官费分给安娜。为了使安娜安心备考，12月底，郭沫若去东京将安娜接到他当时就读的冈山。

对于这份爱情，郭沫若充满了感激。在1916年的圣诞节，也就是接安娜到冈山的前后，他用英文写了一首散文诗。诗中以鱼儿比喻郭沫若自己，"近海处有一岩石窟穴中，睡着一匹小小的鱼儿，是被猛烈的晚潮把他抛掷在

《辛夷集》，泰东图书局1923年3版

这儿的。"这时，"一个穿白色的唐时装束的少女走了出来"，她一面走，一面唱着歌，当她弯腰看见那鱼儿时，"不禁涌了几行清泪，点点滴滴地滴在那窟穴里。窟穴处便汇成一个小小的泪池。"少女走后，"鱼儿在泪池中便渐渐甦活了转来。"[1] 这首表达诗人从恋爱中新生的诗歌，我认为应该算是郭沫若最早的新诗。可能因为是用英文写的，这首诗没有收入《女神》。直到《女神》出版后的1922年，郭沫若才亲自将其翻译成中文作为《小引》印入他和朋友们的新诗合集《辛夷集》。

---

[1] 郭沫若：《小引》，《辛夷集》，泰东图书局，1923年。

1919年，郭沫若（右二）与部分中国留学生成立爱国团体夏社

《女神》中创作时间最早的诗歌，目前学界尚有争议，我认为应该是《Venus》。这首诗当作于郭沫若将安娜接到冈山同居不久的 1917 年元旦前后。诗歌写的是热恋中的情形，诗人将爱人的嘴，比喻成葡萄酒杯，将爱人的一对乳房，比喻成两座坟墓。这样的热烈、赤诚、大胆和新奇，即便是汉魏的民歌，也远比不上。这诗的风格，跟郭沫若后来从英语转译的波斯诗人莪默伽亚谟的《鲁拜集》相似。1917 年 3 月，安娜准备离开冈山到东京上学，郭沫若写了《别离》，是一首民歌体的古诗。郭沫若在《时事新报》发表新诗之后，将其改写成新诗。这体现了郭沫若初期的新诗创作并非有意为之，他无意中写下了《Venus》那样的新诗，却不知道其形式和风格正是国内新文学大家胡适、周作人等人所极力提倡并尝试着创作的。

二

1919 年 7 月，受五四运动影响，郭沫若与在九州大学就读的夏禹鼎等同学成立了夏社。夏社提倡"抵制日货"等主张。他们一方面翻译日本人排华的消息，一方面写斥责日本军国主义的文章。因为这些工作的需要，郭沫若开始大量翻阅各种报纸杂志。夏社订阅了上海的《时事新报》，郭沫若从中读到了白话新诗，尤其是康白情的一首诗，里面有类似"我们喊了出来，我们便做得出去"的句子。这给郭沫若很大震动："我感觉得这倒真是'白话'。是这诗使我增长了自信，我便把我以前做过的一些口语形态的诗，扫数抄寄去投稿。"[①]

---

① 郭沫若：《免进文艺的新潮》，上海《文哨》第 1 卷第 2 期，1945 年 7 月 5 日。

新詩

●夜步十里松原 （沫若）

海已睡了。
松原也睡了，只見得白茫茫的一片月光，
還照耀着許多的濃紫波路。
哦！太空！怎麼這樣的高超，自由，宏廓，清寧！
無敵的明星正圍睜着他們的眼兒，
在眺望這美麗的夜景。
十里松原中無敵的古松
盡萬接着他們的手兒沈默着在贊美天宇。
他們一枝枝的手兒在空中戰慄，
我的一枝枝的神經纖維在我身上戰慄。

（完）

发表于《时事新报·学灯》上的《夜步十里松原》

繼很好，人格又很高，也就由他了，女士
年，遁步迷迷，覺得當本子問是很有興味
抱不使多講。發願！發願！有無數可憐的女孩
不照着本子的說話實行起來，在社會上服
兒跪着在當面向我們乞命呵！
些共同事業，那畫本子就變成死的舊聞了
或許自己的境遇，要振拔和他同病的舊社
就發了一個大志願！就是改造萬惡的舊社
家庭。諸君！女士這種的覺悟，是早已透
他也曾在一種雜誌上發表過來，諸君想他
了。女士今年十八歲了！中等學育將快完
我和女士給交，是他的朋友，也是我的
——介紹的，算起來也不過半年，
本來是不知道的，但常見他的身影楊瘦羸
常不愉快；我就懷疑起來！他對我說：「我
多？飯也吃不下，恐怕就要與這世界
了！」我的神經，受了這種刺激就
的眼球，排泄出我的淚液，真見了！
道：「為甚麼呢？請你告訴我，
身體是最要緊的！不可以自己摧殘自己呀

受了他的陶冶，那社會上的壞處自然少了。就如婢女，那麼消極的辦法比人家去買，豈不是積極的救人家不去賣的好呢？並且還有一層，就是婢女所以被賣的緣故，被他們父母所主張的，就是什麼非因為他們只會吃死飯。經濟上既不能幫助自己家的緣故。那麼他們做人所以無死定；就是我們的敵人。我們可以不戰勝這兩個老頭子有了這個錯處對於女士，生活上又不能自己獨立，非但不生利一家，而且要分利，弄到父母們自己難活不能蓄養他們起來，那自然就要賣掉他們。所以他們倘能夠自己養自己的過日子，就不會被賣。這樣，社會上自然沒有「婢女」那個名詞了。

以上的方法講完了。此外也許還有好的，要大家相幫想出來。此地另有幾句要緊的話須得便說一說，就是無論做什麼事我們總要盡力避去那「議論多而成功少」的譏評才好。因為單單說是不費的。況且這個問題照前述的幾條方法去做，實在是算不得十分煩難的麼？我們須當一種義務去看他。設有「從壁上觀」的或「明知故犯」的，只要一閩良知，那活潑潑的精神上定覺得有無限的

就是他的叔父母，他還有曾父母，比較掌那知不然，他的祖父母是尼古不僅屬舊而且他所主張的，就是那「三從四德」諸君呀！這幾句話：就是我們的敵人。我們可以不戰勝這兩個老頭子有了這個錯處對於女士，壓制的手段。女士那時候年紀還輕，在這勢力範圍之下，也不敢有甚麼反動。女士後來跟他的叔父母到北京來，這時祖父母沒有同來；他的叔父也因外邊事情，沒有功夫來責備女士過時期中，女士由。女士有一個兄弟，就是他叔父到見子京一個小學校裏讀書。他常常聽見他的兄校裏讀書好處，他就想道：「女子難道不？為甚麼不能受同男子平等的待遇呢？讀知識，反道不好麼？這話怎麼於是就下了一個決心無論家庭發生何等阻礙，他就據此理由，向他叔校。他的叔母是比較的開通些，度他學校裏贊助，女士既然達到目的，又得他

塞

当《学灯》编辑宗白华读到郭沫若寄来的"字迹劲秀、稿纸明洁、行列整齐而内容丰满壮丽的"新诗后,觉得"篇篇都是创造一个有力的新形式以表现出这有力的新时代,新的生活意识",于是"视同珍宝一样地立刻刊布于《学灯》。"①

1919年9月11日,《时事新报·学灯》发表了郭沫若的新诗《鹭鸶》。这首诗类似于胡适的《两只蝴蝶》,在郭沫若的新诗中算不上出色之作。宗白华却给郭沫若写信说:"我很希望《学灯》栏中每天发表你一篇新诗,使《学灯》栏有一种清芬,有一种自然Nature的清芬。"②当郭沫若看见自己的作品"公然也就陆续地被登载了出来,真使我感到很大的愉快。这便是我凫进文学潮流里面来的真正的开始。"③由于这个机缘,郭沫若的新诗像开闸的洪水一样,奔泻而出。

三

郭沫若最初在《学灯》发表的《鹭鸶》《抱和儿浴博多湾中》等诗,受泰戈尔影响,"崇尚清淡、简短"。郭沫若自称这是他新诗第一阶段的风格。《女神》中像这种风格的诗歌还有《新月与白云》《春愁》《晴朝》《光海》等,

1919年9、10月间,郭沫若开始阅读惠特曼的《草叶集》。"他

---

① 宗白华:《欢欣的回忆和祝贺——贺郭沫若先生五十生辰》,《时事新报》1941年11月10日。
② 《三叶集·宗白华致郭沫若》,《郭沫若全集·文学编》(第15卷),北京:人民文学出版社,1990年,第12页。
③ 郭沫若:《凫进文艺的新潮》,上海《文哨》第1卷第2期,1945年7月5日。

那豪放的自由诗使我开了闸的作诗欲又受了一阵暴风般的煽动。我的《凤凰涅槃》《晨安》《地球，我的母亲！》《匪徒颂》等，便是在他的影响之下做成的。"[1] 这一时期，郭沫若像发了狂一样写诗。这些情感粗放、气势磅礴的新诗主要收入《女神》的第二辑和第三辑之中。包括《立在地球边上放号》《笔立山头展望》等等。

1919年底，郭沫若去福冈图书馆读书，突然灵感来袭。在图书馆后面僻静的石子路上，他把木屐脱了，赤脚走来走去，甚至躺在路上，拥抱地球母亲，感受她的皮肤。他觉得诗句奔涌而来，连忙跑回家将它们写在纸上，这就是《地球，我的母亲》，这首诗气象很大，诗人从地球那里得到感悟，"从今后我也要把我的内在的光明来照照四表纵横"，抒情主人公高洁伟岸的人格呼之欲出。差不多同时，郭沫若有感于日本媒体污蔑中国五四运动后的学生为"学匪"，写下了《匪徒颂》，热情赞扬古往今来一切"政治革命的匪徒""社会革命的匪徒""宗教革命的匪徒""学说革命的匪徒""文艺革命的匪徒""教育革命的匪徒"，对他们三呼万岁。这是叛逆和激情的表征，正符合五四时代的狂飙精神。

1920年1月20日，郭沫若"上半天在学校的课堂里听讲的时候，突然有诗意袭来，便在抄本上东鳞西爪地写出了那诗的前半。在晚上行将就寝的时候，诗的后半的意趣又袭来了，伏在枕上用着铅笔只是火速的写，全身都有点作寒作冷，连牙关都在打战。"[2] 写下来的诗就是《凤凰涅槃》。

《凤凰涅槃》用希腊国神鸟名"菲尼克司"（Phoenix）满

---

[1] 郭沫若：《创造十年》，《郭沫若全集·文学编》（第12卷），第67页。
[2] 郭沫若：《我的作诗的经过》，《郭沫若全集·文学编》（第16卷），第217页。

五百岁后集香木自焚，再从死灰中更生的传说，来象征着中国和诗人自己的新生。凤凰在过去五百年面对"脓血污秽着的屠场""悲哀充塞着的囚牢""群鬼叫号着的坟墓""群魔跳梁着的地狱"有着"流不尽的眼泪，洗不净的污浊，浇不熄的情意，荡不去的羞辱"，渴望在烈火中焚毁，脱胎换骨，从死灰中获得新生。凤凰终于新生了，新生的世界"光明""新鲜""华美""芬芳""和谐""欢乐""热诚""雄浑""生动""自由""恍惚""陶然""神秘""悠久"。

《三叶集》，亚东图书馆1920年初版

编辑宗白华接到这首诗后，写信告诉郭沫若："你的凤歌真雄丽，你的诗是以哲理做骨子，所以意味浓深，不象现在许多新诗一读过后便索然无味了。"[1] "你的诗意诗境偏于雄放直率方面，宜于做雄浑的大诗。所以我又盼望你多做象凤歌一类的大诗，这类新诗国内能者甚少，你将以此见长。"[2]

2月9日，田汉给郭沫若写了一封长信，对郭沫若的新诗大加赞美："你的《凤凰涅槃》的长诗，我读过了。你说你现在很想能如凤凰一般，把你现有的形骸烧毁了去，唱着哀哀切切的挽歌，烧毁了去，从冷净的灰里，再生出个'你'来吗？好极了，这决不会

---

[1] 《三叶集·宗白华致郭沫若》，《郭沫若全集·文学编》（第15卷），第30页。
[2] 同[2]，第31—32页。

发表于《时事新报·学灯》上的《凤凰涅槃》

是幻想。因为无论何人，只要他发了一个'更生'自己的宏愿，造物是不能不答应他的。我在这里等着看你的'新我'New Ego 啊！"[1]

1920年7月19日，郭沫若接到《时事新报》主笔张东荪的来信，约他翻译《浮士德》。郭沫若本来就对歌德有兴趣，因此乐意

---

[1] 《三叶集·田汉致郭沫若》，《郭沫若全集·文学编》（第15卷），第37页。

接受了这个任务。但《浮士德》的翻译给郭沫若诗风带来了转变,他开始写诗剧了。郭沫若称之为他的诗风的第三个阶段。他说:"我开始做诗剧便是受了歌德的影响。在翻译了《浮士德》第一部之后,不久我便做了一部《棠棣之花》。""《女神之再生》和《湘累》以及后来的《孤竹君之二子》,都是在那个影响之下写成的。"[①] 这就是《女神》第三期的创作:《浮士德》式的诗剧。

四

在五四新文化运动时期,郭沫若不是最早写新诗的人,也不是最早发表新诗的人。胡适、鲁迅、周作人、康白情、俞平伯、刘半农等人都比郭沫若更早地发表了他们的新诗。胡适还出版了中国第一部新诗集《尝试集》。但《女神》后来居上,被公认为"第一部伟大新诗集"[②]和"现代新诗的奠基之作"[③]。

茅盾后来回忆他在20世纪20年代初阅读《女神》的感受:"《女神》中的诗和诗剧,绝大部分洋溢着破坏旧传统,提倡新创造的精神,这是极端吸引人的。而且作者的热情奔放,'昂首天外'的气魄,在当时也是第一人。""《女神》里的诗剧和诗,真可以说神思飙举,游心物外,或惊采绝艳,或豪放雄奇,或幽闲澹远。这样的思想内容和艺术风格,在当时未见可与对垒者。"[④] 闻一多评价

---

① 郭沫若《创造十年》,《郭沫若全集·文学编》(第3卷),第77页。
② 周扬:《郭沫若和他的〈女神〉》,《解放日报》(延安)1941年11月16日。
③ 钱理群等:《中国现代文学三十年》,北京大学出版社,1998年,第103页。
④ 茅盾:《我所走过的道路》,人民文学出版社,1997年,第219、225页。

北伐前,郭沫若和安娜及孩子们的合影

《女神》说:"若讲新诗,郭沫若君底诗才配称新呢,不独艺术上他的作品与旧诗词相去最远,最要紧的是他的精神完全是时代的精神——二十世纪底时代的精神。有人讲文艺作品是时代底产儿。《女神》真不愧为时代底一个肖子。"[1] 周扬则认为,郭沫若的新诗"比谁都出色地表现了'五四'精神,那常用'暴躁凌厉之气'来概说的'五四'战斗精神。在内容上,表现自我,张扬个性,完成所谓'人

---

[1] 闻一多:《〈女神〉之时代精神》,《创造周报》第4号,1923年6月3日。

的自觉',在形式上,摆脱旧诗格律的镣铐而趋向自由诗,这是当时所要求于新诗的。"[1] 茅盾、闻一多、周扬都是中国新文坛的大家,他们的评价代表了文学界对《女神》成就的认可。

《女神》给当时青年以极大的鼓舞,很多青年从《女神》那里知道了什么是新诗,怎样写新诗。中国新诗从《女神》开始走上了坦途。臧克家说,《女神》"出现在1921年的新诗坛上,真好像暗夜里通红的火把,暮天中雄壮的号角。它不但一鸣惊人地给作者赢得了很高的声誉,它也扩大了新诗的影响,巩固和提高了新诗的地位。当时的青年受到了巨大的鼓舞,从它里面吸取了奋斗的力量;对于一般新诗的作者,它成为模拟的范本和走上创作途程的指路碑。"[2] 冯至后来满怀感念地回忆《女神》给他的影响:"有了《女神》,我才明确一首诗应该写成什么样子,对自己提出较高的要求,应该向哪个方向努力。从此以后,我才渐渐能够写出可以叫作'诗'的诗,这期间虽然尝到不少摸索和失败的苦恼,但是写诗却没有中断过。"[3]

《女神》自1921年8月由泰东书局初版后,不断再版。至1930年7月,泰东书局出版了第10版,这一版的印数是18000—20000册。至1935年4月,泰东书局出版了《女神》第12版。1928年6月,《沫若诗集》(收录了《女神》的绝大多数作品)作为创造社丛书第21种由创造社出版部出版,在创造社被封前出了3版,后由现代书局接着出版,至1932年11月,出至第7版,

---

[1] 周扬:《郭沫若和他的〈女神〉》,《解放日报》(延安)1941年11月16日。
[2] 臧克家:《反抗的、自由的、创造的〈女神〉》,1953年《文艺报》第23号,第13页。
[3] 冯至:《我读〈女神〉的时候》,《诗刊》1959年第4期。

《女神》的部分版本及外译本

印量达 14000 册。1944 年 6 月，郭沫若的诗集《凤凰》（收录了《女神》的绝大多数作品）在重庆明天出版社出版，初版 4000 册，1947 年由群益出版社再次出版。1949 年后，《女神》版权归人民文学出版社，先后印刷多次，仅 2003 年 5 月的印次就达 7 万册。此外，还有很多出版社以导读本、课标本等各种名义出版《女神》。《女神》还被翻译成日文、英文、法文、克罗地亚文等多种文字，产生了广泛的国际影响。《女神》是迄今为止印量最大、最受欢迎的新诗集。

五

《女神》初版本只是郭沫若纪念馆藏的郭沫若众多著译版本之一。经过40年的努力，郭沫若纪念馆藏有郭沫若著译版本图书近700种，是收藏郭沫若著译版本最多的机构之一。

郭沫若在文学、史学、文字学、翻译等诸多领域均有重大建树，生前出版各类著译作品160余部，包括《女神》《星空》《屈原》《棠棣之花》等诗歌戏剧作品39部，《文艺论集》《落叶》《创造十年》《羽书集》等小说、自传、杂文、文论著作57部，《中国古代社会研究》《甲骨文字研究》《殷契粹编》《十批判书》等历史、考古和古文字研究著作31部，《鲁拜集》《石炭王》《德意志意识形态批判》《美术考古一世纪》等翻译著作34部。

郭沫若的著作很多都多次再版，所有的版本加起来有上千次，要全部收藏比较困难。郭沫若纪念馆能够拥有近700种版本，已十分不易。有些版本还比较珍贵。

郭沫若在日本文求堂出版的9部著作，在出版的当时国内流通的就比较稀少。朱自清在1941年9月底即将离开成都时，写了两首旧体诗，记载他将郭沫若《两周金文辞大系图录》送给友人的事迹。这两首题为《以〈两周金文辞大系图录〉贻墨志楼主人，时将去成都》的五绝分别写道："论交存古道，稠叠故人情。岳岳丘山重，盈盈潭水生。""插架足璆珍，风流异代亲。吉金三百影，留赠赏音人。"《两周金文辞大系图录》在1935年在日本文求堂出版，线装5册。实收两周铭辞323器，图像253器，按照不同器类的形制和年代排比，不仅收录金文资料比较齐全，且编排方式实属创举。朱自清将这部珍贵的书送给"墨志楼主人"并郑重写诗记载此事，表明他对这部著作的宝爱，也说明这部著作当时在国内极为难得。半个多世纪过去了，这些书在国内就更稀少了，即便是去一些大型的图书馆，也很难借到。偶尔在一些旧书网站出现，价格也极为高昂，动辄上万，甚或十几万元，不是一般学人所能购买。但找到这些著作的初版本，对于郭沫若研究，无疑具有十分重要的价值。中国社会科学院考古所的青年学者黄益飞曾在《文献》2017 年第 5 期发表《〈殷契粹编〉版本简论》，讨论文求堂的《殷契粹编》和 20 世纪 80 年代后大陆重新出版的《殷契粹编》在内容上的异同，是我看见的研究郭沫若古文字版本的较高水平的论文。但这方面的研究还是太少，需要进一步展开。郭沫若纪念馆收藏了文求堂出版的《卜辞通纂》《殷契

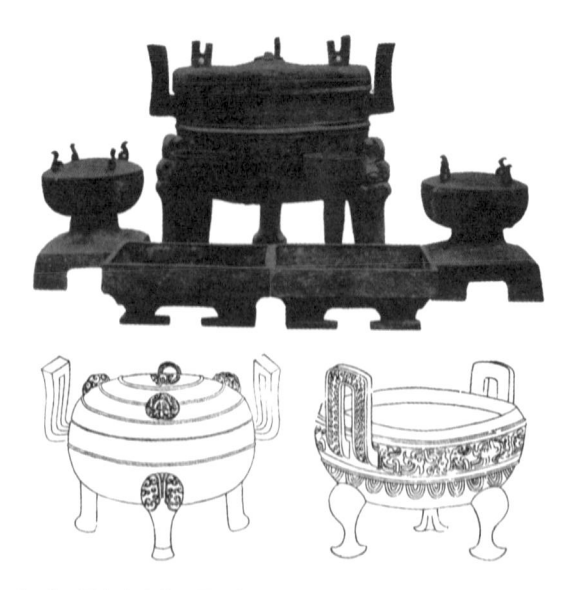

▎《两周金文辞大系图录》之一页

《少年維特之煩惱》,创造社出版部1926年再版

粹编》《金文余释之余》等几个珍稀版本,但仍然有《金文余释》等著作没有搜集到,这是接下来的我们的重要任务。

《少年维特之烦恼》是郭沫若翻译著作中影响较大的一本。郭沫若纪念馆收藏有上海泰东图书局、创造社出版部、现代书局、北新书局、群益出版社、天下书店、激流书局、新文艺出版社、人民文学出版社、香港上海书局等出版机构的22个版本。这些版本的变化十分值得研究。《少年维特之烦恼》的初版本于1922年由泰东图书局出版,出版后受到梁俊青等人的批评。1926年,郭沫若借《少年维特之烦恼》在创造社出版部再版之机,重新校订了译文,很多错误都被改过来了。他很高兴:"死了四年的维特于今又复活了起来了"[1]。但这个译本仍然有人挑错。《少年维特之烦恼》的各个版本究竟是如何修改的?体现了郭沫若在翻译过程中的什么理念,这都是非常有意思的课题,可惜相关研究也还很少。

郭沫若是有世界性影响的大作家,他的很多作品翻译成日文、英文、俄文、法文、韩文、德文、捷克文、越南文、尼泊尔文、克罗地亚文、世界语等。这些外译作品,是研究中国现代文化和其他国家文化交流的重要资料。

---

[1] 郭沫若:《〈少年维特之烦恼〉增订本后序》,《洪水》1926年第2卷第20期。

沧海遗粟

郭沫若纪念馆里院西展厅中展出了一只木匣，木匣正面右方是郭沫若题的四个大字"沧海遗粟"，左边竖写七行小字："余以一九三七年七月只身回国后，此箱手稿遗留日本者垂二十年，自以为不可重见矣。直至今年四月，始由陈诚中同志携回，实属喜出望外。题此以志始末。一九五七年四月十八日 郭沫若"。陈诚中是当时中国对外贸易部丝绸总公司的负责人。这只箱子里装的，是郭沫若流亡日本期间撰写的九部甲骨文金文著作的手稿，十分珍贵。

看到这只木匣和郭沫若的题字，不禁让人想到郭沫若流亡日本期间的工作和生活情况。

▎沧海遗粟

一

1928年2月，郭沫若在党组织的同意下，秘密东渡日本，隐蔽起来，潜心进行研究和创作。

为了弄清中国社会的性质，郭沫若在日本宪警的监视下开始研究中国古代社会。他最开始研究的是《易经》《尚书》和《诗经》。在写出了一些文章后，他怀疑起来。因为《易经》的写作年代不清楚，假如用不明写作年代的材料去研究古代，得出的结论是会打折扣的。于是，郭沫若想到了甲骨文。甲骨学是19世纪末兴起的学问，专门研究地下出土的龟甲兽骨上的文字。郭沫若认为，甲骨文作为资料来说，是相当可靠的。于是，他开始搜求甲骨文拓片和甲骨学著作。

《甲骨文字研究》（大东书局1931年版）封面

他到了上野图书馆，发现这里的资料有限。于是他想起了他求学时期曾经光顾过的文求堂。他找到了这家书店，发现了店里有他一直寻求的罗振玉的《殷虚书契考释》，这本书当时要卖12元，相当于一个普通职员一个月的工资。郭沫若口袋里只有6元。他向田中庆太郎提出了一个大胆的请求，以这6元为抵押，把这本书借回家看一两天。

田中庆太郎略一踌躇，委婉拒绝了郭沫若。但他告诉郭沫若，东洋文库有很多这一类的书，可以随时去借阅。

在田中庆太郎的指点下，郭沫若通过新闻记者山上正义的帮助，联系上了自己大学时的老师藤森成吉。藤森成吉和东洋文库主任石田干之助是同学。靠着藤森成吉的介绍信，郭沫若用了山上正义的假名"林守仁"，顺利进入东洋文库。通过刻苦钻研，郭沫若写出了《甲骨文字研究》这部著作。他在《序》中说："余之研究卜辞，志在探讨中国社会之起源，本非拘拘于文字史地之学，然识字乃一切探讨之第一步，故于此亦不能不有所注意。且文字乃社会文化之一要徵，于社会之生产状况与组织关系略有所得，欲进而求其文化之大凡，尤舍此而莫由。"①

在写作《甲骨文字研究》的同时，郭沫若完成了《卜辞中的古代社会》，不久又写作了《周金中的社会史观》。他将这两篇文章和先前所写的《诗书时代的社会变革与其思想上的反映》《〈周易〉的时代背景与精神生产》等文章结集为《中国古代社会研究》出版。

《中国古代社会研究》阐述了中国古代社会由原始公社向奴隶制转变的过程，证实了中国古代确实

《中国古代社会研究》（上海联合书店1930年版）封面

---

① 郭沫若：《序》，《甲骨文字研究》，大东书局，1931年，第1—2页。

存在过奴隶制社会。这就说明了中国历史的发展与马克思恩格斯论证过的人类社会发展的规律一致,从而证明了马克思主义理论是适合中国国情的。

《中国古代社会研究》是最早尝试把马克思主义理论与中国实际相结合,用唯物史观研究中国历史的学术著作。郭沫若此后在这一课题上长期耕耘,引起学术界的高度关注。在他的带动下,越来越多的学者开始自觉运用马克思主义的理论和方法研究中国历史和现实,他因此被认为是中国马克思主义史学的领军者。

在甲骨文字的研究有了初步成就后,郭沫若开始研究青铜器铭文。1930年7月,他花了大半个月时间完成了《殷周青铜器铭文研究》。

《中国古代社会研究》在上海联合书店出版。《甲骨文字研究》和《殷周青铜器铭文研究》的出版则颇费周折。郭沫若想委托燕京大学教授容庚想办法找出版社,容庚找到中央研究院的傅斯年,傅斯年希望将该书在《中央研究院集刊》上分期发表,发表完再在中央研究院出单行本,稿费也很可观。但中央研究院是国民政府的官办机构,郭沫若回信拒绝了。郭沫若想到了常常出版汉文学术著作的东洋文库,于是抱着两部原稿找到东洋文库主任石田干之助。他诚恳地说,因为很多资料来自东洋文库,所以要是能由此处出版,也算对东洋文库的感谢,报酬多少是不计较的。石田很客气地要求郭沫若把稿子留下,好让他找一两位专家看看。过了一个月,郭沫若再次拜访石田。石田回答说,太难懂了,在日本恐怕出不了。郭沫若又想到商务印书馆,托朋友前去咨询,但商务印书馆连稿子都没看就直接拒绝了,这大概因为作者正被通缉的原因。还是北伐时希白兄：古矢彭谐昨俱奉到，玉影承复吹後，幸甚数日，拙著蒙为介绍出版，慰甚。惟有一事，弟无足轻重，特仆之副署《中国古代社会研究》一书不日即将出版，该书形式即与《文释》等，有微引该书处甚多，此书续事更必有则，徒赠世人掩耳盗铃之诮，可近日之实家，栗有雅不愿食诸致谢之之玉意，兼谢傅君孟真，即颂

春祉

郭沫若再月二月六日

代的老朋友李一氓帮了忙，他找到了大东书局的总编辑孟寿椿。孟寿椿也是四川人，加上这时候《中国古代社会研究》在联合书局卖得很好。所以孟寿椿决定由大东书局同时出版这两部书，而且做了很好的广告宣传。郭沫若后来动情地回忆说："他们在报纸上大登广告，征求预约。那广告之大在当时曾ículo破纪录，这可替我发泄了不少的精神上的郁积，我很高兴。"[1]《甲骨文字研究》出版后，郭沫若托李一氓分别送给张元济、鲁迅等上海文化名人。

二

郭沫若在历史考古方面的贡献迅速引起了田中庆太郎的关注。田中庆太郎长期经营文求堂，在日本汉学界相当有名气。1932年1月，郭沫若的《两周金文辞大系》在文求堂出版。此后，他的古文字研究著作有了固定的出版机构。郭沫若流亡时期有关中国古代史和古文字的14部著作，有9部由文求堂出版。文求堂给予了郭沫若巨大的帮助，很多时候未等著作出版，文求堂就预支稿酬。这从很大程度上解决了郭沫若的后顾之忧，使他能够集中精力专事著述。郭沫若著作的出版也大大提升了文求堂在日本汉学界的地位。

郭沫若在文求堂出版的第一部著作是《两周金文辞大系》。该书副题为"周代金文辞之历史系统与地方分类"，郭沫若从古今中外35种著作中选取251种"金文辞中之菁华"，分为上下两编。上编以时代为线索，以武王至幽王为序，选取西周137器；下编以

---

[1] 郭沫若：《我是中国人》，《郭沫若全集·文学编》（第13卷），人民文学出版社，1992年，第373页。

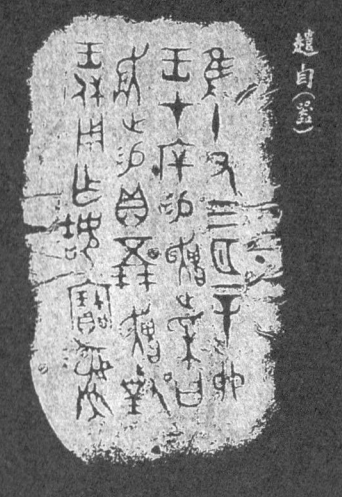

别有趞卣及趞尊,亦有"王在序"之文。其銘曰:

"隹十又三月辛卯,
王在序,錫趞采。曰
口,錫貝五朋。趞對
王休,用作姞寶彝。"

此與盠鼎**當係同時之器。彼鼎云:"王令趞戲(捷)東反夷。盠肇從趞征,攻開(嚻)無啻(敵),相捄人身,孚戈,用作寶彝,孫〃子〃其永寶。"此作器之盠乃趞之部屬。以此與趞器參證,則趞乃東伐淮夷時主將之一,戰勝有功故受采地之分錫。"戲東反夷"與"在序"相銜,非即"東伐淮夷踐奄"之故事耶?

〰〰〰〰〰〰〰〰〰

** "攈古錄"Ⅵ.23,釋文參照"古代社會研究"書後。"捃古堂"Ⅺ.5-6 别有盠鼎,銘末作"用作庚姞寶尊鼎,其萬年永葉,子孫寶用"。王國維以為僞器。

郭沫若《殷周青銅器銘文研究》(大東書局1931年)之一頁

东京文求堂书店

国别为区分，选取东周33国114器。该书对所收器铭进行释文和断句，还作了简要注释，并选取未见和少见著录的13器作为插图。

殷周青铜器在北宋时就已经成为专门学问，此后陆续有4000多件青铜器出土。但长期以来，这些器物年代和来历不明，没有成为有用史料。《两周金文辞大系》对所录青铜器时代和国别的确定，是金文研究上的重大突破。

郭沫若总结其金文治学经验时说，他先找出"标准器"，所谓"标准器"，是指铭文中有周王名号或著名人物事迹的器物。标准器确定后，"把它们作为连络站，再就人名、事迹、文辞的格调、字体的结构、器物的花纹形式等以为参验，便寻出了一个至少比较近是的条贯。凡有国度表明了的，也在国别中再求出时代的先后。就这样我一共整理出了三百二十三个器皿，都是铭文比较长而史料价值比较高的东西，两周八百年的浑沌似乎约略被我凿穿了。从这儿可以发展出花纹学、形制学等的系统，而作为社会史料来征引时，也就更有着落了。"[①] 郭沫若的这一贡献，使得大量金文辞的价值被彰显出来，从而将古史研究推进了一大步。

《两周金文辞大系》出版半年后，郭沫若将前两年所写的青铜器铭文考释方面的文章集为《金文丛考》，编辑工作开始于1932年3月，1932年8月编成并在文求堂影印出版。11月，郭沫若又在文求堂出版了《金文余释之余》。

《金文丛考》收录的《金文所无考》《周官质疑》《汤盘孔鼎之扬榷》《谥法之起源》《毛公鼎之时代》等文章均卓有创建。尤

---

① 郭沫若：《古代研究的自我批判》，《郭沫若全集·历史编》（第2卷），人民出版社，1982年，第10页。

大系插图及补象数份均到，原有裹书西题字作得不能忍耐另书二帙奉上，请更换而外续又发勋唤一年有畔业室宫处，滚後不一

弟郭沫若上
廿日

其是卷首的《周彝中之传统思想考》，系统考察了金文中所体现的宗教思想、政治思想、道德思想。胡适等人的中国哲学史研究是从孔子、墨子等先秦诸子开始的。郭沫若直接考察金文中的思想，从而将中国思想史提前了好几百年。

在《金文丛考》的标题页背面，郭沫若题写道："大夫去楚，香草美人。公子囚秦，《说难》《孤愤》。我遘其恶，媿无其文。爰将金玉，自励坚贞。"他把自己的境况比喻为被放逐的屈原，被幽囚的韩非子，这一方面体现了他重视自己的研究成果，另一方面也表现了他内心深处放不下国内的革命实践。

在田中庆太郎的帮助下，郭沫若通过走访东京、京都等地的研究机构，搜集到大量甲骨拓片，完成了《卜辞通纂》的编撰，1933年5月由文求堂印刷发行。该书分为五卷，卜辞一卷，考释三卷，索引一卷。"就传世卜辞择其菁粹者凡八百片，分干支、数字、世系、天象、食货、征伐、畋游、杂纂八项而排比之。"[1]索引卷为田中庆太郎的儿子田中震二所编。

《卜辞通纂》标志着郭沫若在甲骨文整理上创造了一个科学的体系。在郭沫若进入甲骨文研究之前，罗振玉、王国维等人就已经做了大量的工作。但已有的十多种甲骨文著作大都随手编排，不按内容分类，王襄等虽然做出了分类的尝试，但随意性较大。《卜辞通纂》将"卜辞之精粹者"分八类编排并作考释。这就将甲骨卜辞各项内容联系起来，并为初学者指明了入门途径：即先判读卜辞的干支、数字、世系，确定卜辞的年代，再进一步探究卜辞涵示的社

---

[1] 郭沫若：《述例》，《卜辞通纂》，文求堂，1933年，第1页。

会内容。

1933年12月,郭沫若将《石鼓文研究》《殷契余论》《金文续考》《汉代刻石二种》合为《古代铭刻汇考》(三册)在文求堂出版。《殷契余论》与《金文续考》是郭沫若继续以前的研究所得的成果,《汉代刻石二种》《石鼓文研究》则是新的研究领域。后来郭沫若因见到新的资料,将《石鼓文研究》稿废掉,重新写作了《石鼓文研究》,于1939年在商务印书馆出版。随着研究的进展,1934年,郭沫若在文求堂出版《古代铭刻汇考续编》一卷。

1935年3月,《两周金文辞大系图录》在文求堂出版。该书引用著作由《两周金文辞大系》的35种增至43种,还包括中外学者提供的许多新出器铭;收录器铭全部刊出拓本或摹本,西周之器162件,东周之器161件,合计323器,连同参考之器共收

《金文丛考》题词

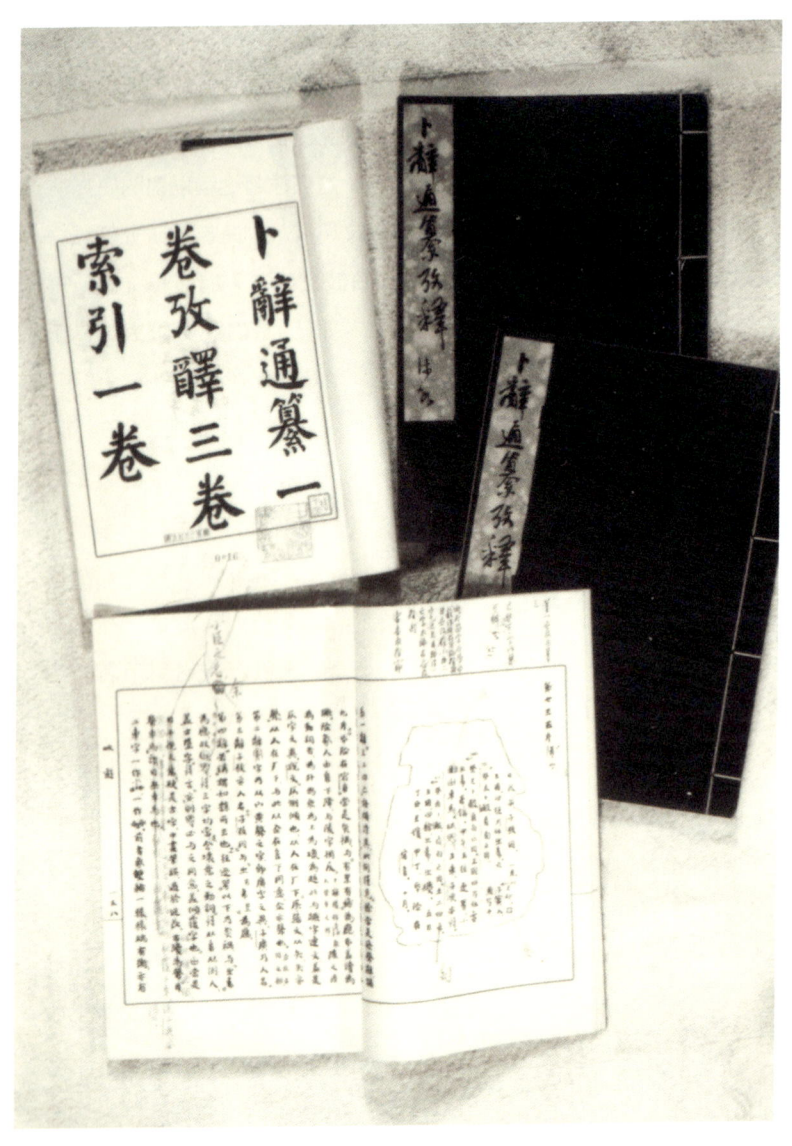

《卜辞通纂》，文求堂1933年版

1933年，郭沫若在日本市川须和田和孩子留影

511器，在当时的金文资料中算得上十分完善。唐兰教授在《序》言中认为："郭氏治甲骨彝器之学之勤且敏，有为常人所不能及者。频年避居海外，抑其磊落之壮志，而从事于枯寂之古学，斯一难也；新出材料罕接于耳目而多方罗致之，斯二难也；而氏之新著仍络绎而出，其勤且敏为何如耶？抑氏以清晰之思想，锐利之判决，发前人所未能发，言时人所不敢言。精粹之论，均足不朽，而犹下采庸瞽，谦抑之怀，尤足钦已。"①

在编《两周金文辞大系图录》的过程中，郭沫若因《两周金文辞大系》"出版已历三年，考释有未当意处，新出资料亦时有所获，故令详加增订。"撰成《两周金文辞大系考释》，共三册，1935年8月在文求堂出版。

清末四川总督刘秉璋第四子刘体智藏有甲骨28000余片，青铜器400余件。他将藏品印成《善斋吉金录》《小校经阁金石文字》等目录。郭沫若看过部分目录，曾给友人写信表示希望见到藏品。1936年，刘体智托人将20册甲骨拓片带给郭沫若，希望他加以利用，进行研究。郭沫若看过后，于10月15日写信给田中庆太郎："今稍得闲，拟自刘氏拓本中遴选二千片左右，按照尊意编成四百页上下一书，未知其后有何考虑？盼示。"② 1937年，《殷契粹编》由文求堂出版。

在《卜辞通纂》《殷契粹编》中，郭沫若除在甲骨分类、甲骨断代上卓有成见外，还创造性使用了断片缀合，残辞互足两种释读方法。甲骨片因为年代久远，多有破碎，有很多本是一片的，碎后

---

① 唐兰：《序》，《两周金文辞大系图录》，文求堂，1935年。
② 《郭沫若致文求堂书简》，第206号，第314页。

《殷契粹编》，
文求堂 1937 年版

散见各处，郭沫若将其拼在一起，从而得出比较完整的内容，这就是断片缀合。但有些残辞可能无法找到缀合的对象，由于"殷人一事必数卜"，所以很多"同文卜辞"。集中"同文卜辞"分析比较，使一些不能属读的卜辞被解读出来，这就是残辞互足。甲骨断代、断片缀合、残辞互足都为甲骨文研究开辟了新途径。所以著名文字学家唐兰说，在甲骨文研究方面，"雪堂导夫先路，观堂继以考史，彦堂区其时代，鼎堂发其辞例。"雪堂是罗振玉，观堂是王国维，彦堂是董作宾，鼎堂是郭沫若。罗王董郭，这就是有名的"甲骨四堂"。

三

郭沫若在日本流亡期间，安娜和五个孩子靠着郭沫若的稿费度日，他们为郭沫若的研究提供了很多帮助。尤其是安娜，为这一大家人操劳，付出尤多。

全面抗战爆发后，郭沫若在朋友们的帮助下，准备秘密回国参战。他不能带一家人上路，因为处处都有日本宪警的监视。安娜和孩子们又说不好中文，回到国内也会遇到很多麻烦。安娜非常痛苦，她知道郭沫若去意已决，无可挽回后，在郭沫若离开的前晚，她对郭沫若说：走是可以的，最令人担心的是你性格不定，只要你认真做人，就

1937年郭沫若秘密归国前的全家照

是有点麻烦，也只好忍了。这些宽容的话，让郭沫若充满了感激。

1937年7月25日凌晨四点半，郭沫若起了床。几个孩子都睡熟了，安娜躺在榻榻米上看书。他揭开蚊帐，吻了安娜的额角，安娜不知道这是离别的信号，连头也没有抬。郭沫若来到庭院，向院中的栀子花、大莲花、池中的金鱼告别，默默祈祷着妻儿的平安。他跨过篱栅的缺口处，离开了家。

郭沫若走后，安娜受到日方的非难。安娜当年11月给郭沫若写信说，"十月里被敌人官厅捉去打了一顿，关了一个月，现在已经放出来了。家也被他们抄了，所写的东西都给他们拿了去。"[1]郭沫若接信后非常悲痛。阿英11月19日访问他时，"入室即见其面窗默坐，若有重忧。即见余，乃告以东京有友人寄书来，谓夫人因彼之逃脱，曾被逮月余，饱

---
[1] 《郭沫若先生访问记》，汉口《新华日报》1938年1月16日。

郭沫若《归国杂吟·二》手迹

尝鞭笞之苦。诸儿在乡，时遭无赖袭击。出信为余译读，声苦颤，泪亦盈眶。余讷于言，无以慰，相对黯然者甚久。"第二天，郭沫若写了一首七律《遥寄安娜》："相隔仅差三日路，居然浑如万重天。怜卿无故遭笞挞，愧我违情绝救援。虽得一身离虎穴，奈何六口委骊渊。两全家国殊难事，此恨将教万世绵！"①

日军发动的侵华战争，给亿万家庭带来了巨大伤害，而郭沫若和他的家庭，正是这样的受害者之一。他为形势所迫，出于中国知识分子救国救民的道义信念，"别妇抛雏"归国抗战，这在当时的社会各界看来，郭沫若此举光荣而又伟大，但其中的辛酸和悲痛只有他和他的妻儿才能深深体会得到。

四

和这些归国的手稿一样，安娜夫人和孩子们在抗战结束之后，也相继回到中国，学习生活得到了妥善安排，开始他们的新生活。

1950年2月2日，郭沫若给弟弟郭翊昌写信报告家人及自己的近况："和夫现在大连大学研究所任职，与渠母同居大连。佛生在上海九兵团服务。淑瑀在北京燕京大学，志鸿在天津中央音乐学院。仅第二子博生尚居日，已在彼结婚矣。兄任职太多，颇为忙碌。毕竟经验不够能力不足，时恐不能完成任务。"②

信中提到的子女都是安娜生的。和夫即长子郭和夫，1917年出

---

① 阿英：《关于郭沫若夫人》，《抗战中的郭沫若》，广州战时出版社，1938年，第121—122页。
② 据原信手迹复印件。

题金德娟山水画小帧

生于日本冈山，1941年毕业于日本京都帝国大学工学部应用化学科。他是新中国成立前后较早归国的高级科研人员之一，参与创办了中国科学院大连化学物理所，后来曾担任副所长。他在国内化学界首次开展了页岩油的成分分析，在化学界有一定的影响。博生即次子郭博生，1920年生于日本九州，学建筑学，在日本成家，1955年受安娜召唤，回到上海，他还将父亲留在日本的部分笔记和文稿带了回来，由安娜亲自交给郭沫若。佛生即郭复生，1922年出生，后来在中国科学院动物研究所担任工程师。淑瑀即长女郭淑瑀，1925年生于上海，后来定居天津，在天津外语学院教授日本文学。志鸿即郭志鸿，1932年生于日本市川，曾就读于中央音乐学院，后担任该校钢琴专业教授，桃李盈门，他创作的钢琴演奏曲推动了中国钢琴音乐的民族化。郭沫若一家在生活和工作上都有妥善安排，这让他很欣慰。

　　安娜既宽容仁爱，又刚烈顽强。安娜回到中国后，受到了中国政府的照顾，长期居住在大连和上海。1975年夏天，安娜和女儿郭淑瑀到北京希望能看望郭沫若。郭沫若住在北京医院，同意见面。安娜一见病床上的郭沫若，就紧紧握住他的手，用基督徒的口吻对他说："你变了，变得慈祥了，你是会进天堂的。"两人用日语交谈起来，气氛十分融洽。安娜担心郭沫若的身体，半个小时后就起身告辞。郭沫若坚持将她送到病房大楼的大门口，才紧紧握手依依惜别。不一会儿安娜又回来了，她最近刚去了一趟日本，拍了很多他们市川旧居的照片。他俩对着照片，指点着那些树木与花草，哪些是他们亲手栽种的，哪些是后人栽种的，他们低声细语，谈得十分认真。一刻钟后，安娜起身告辞，郭沫若再一次把她送到大门口。他们不停地挥手告别，直到安娜乘坐的汽车从视线内消失了。这是他们最后一次见面。

文章翻案有新篇

话剧《**武则天**》演出舞台模型。

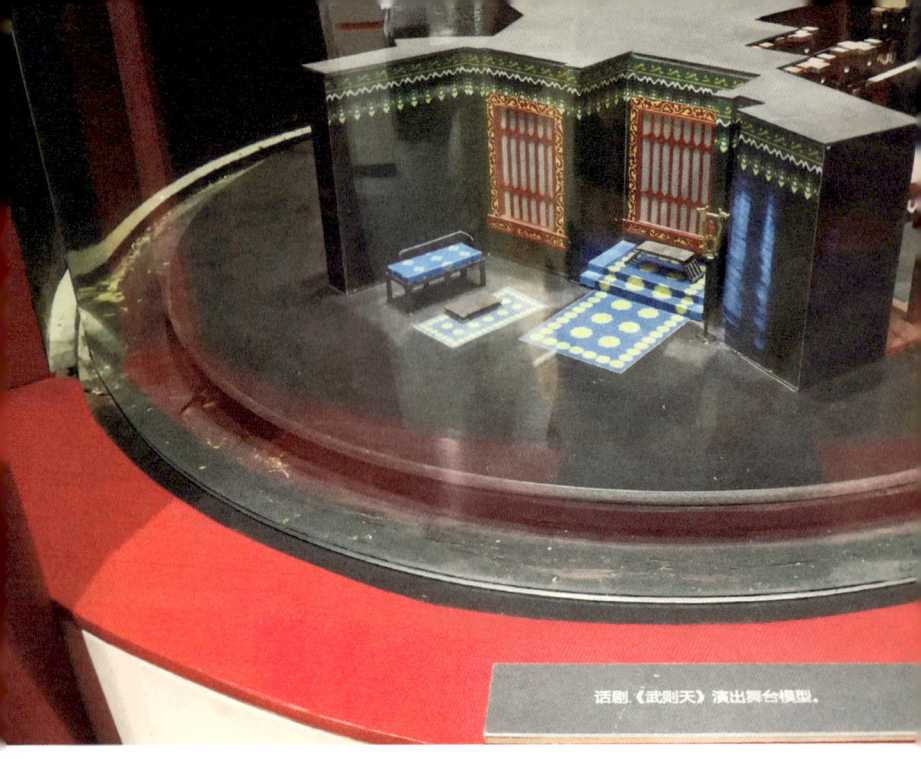

▌ 郭沫若纪念馆后罩房西展厅展出的《武则天》舞台模型

    在郭沫若纪念馆里院西展厅,有一架幻灯机,观众摇动手柄,《棠棣之花》《屈原》等历史剧的剧照就会依次出现在屏幕上。我们设计此处展览,是为了向观众展示郭沫若的戏剧成就。郭沫若不仅在抗战时期创作了大量剧本,在1949年后还创作了《蔡文姬》《武则天》等历史剧。后罩房"妈妈屋"挂着郭沫若《咏武则天》的书法横幅。这幅书法,正是郭沫若在创作历史剧《武则天》期间书写的。紧挨着"妈妈屋"的后罩房西展厅,有北京人民艺术剧院演出《武则天》的舞台模型,墙上展示有《蔡文姬》《武则天》的剧照和书影。

郭沫若是现代中国最著名的历史剧剧作家，在将近40多年的戏剧创作生涯中，他创作了《卓文君》（1923年）、《王昭君》（1923年）、《棠棣之花》（1937年）、《屈原》（1942年）、《虎符》（1942年）、《高渐离》（1942年）、《孔雀胆》（1942年）、《南冠草》（1943年）、《蔡文姬》（1959年）、《武则天》（1962年）等十多个历史剧。这些剧作强烈地奏响了时代的高音，在思想内容和艺术形式上都达到了现当代文学史上历史剧创作的高峰。大多数剧本都搬上舞台，发挥了特殊的社会作用。部分剧作多次再版，并被翻译成多种语言文字在国外出版，成为20世纪中国文学的经典。

一

1941年11月20日晚，郭沫若来到抗建堂观看《棠棣之花》的演出。

早在1920年，郭沫若就写出了《棠棣之花》独幕剧，收入《女神》。五卅惨案之后，郭沫若又根据当时的见闻，在《棠棣之花》独幕剧的基础上写成两

幕剧《聂嫈》，收入《三个叛逆的女性》。《棠棣之花》作为五幕剧的构架在八一三事变不久后就已经完成。"有一个时期我住在租界上的一位朋友的家里，因为工作不能做，而且不便轻易外出，于是便想起了把《棠棣之花》来作一个通盘的整理。加了一个行刺的第三幕，把以前割弃了的两幕恢复，就这样便使《聂嫈》扩大了。"郭沫若50岁诞辰纪念活动前后，这部剧作因为要上演，郭沫若又做了一番修改。

《棠棣之花》剧照

　　五幕剧《棠棣之花》的故事发生在战国时期。韩国内部分为以丞相侠累为代表的亲秦派和以严仲子为代表的抗秦派。侠累得势，严仲子亡命濮阳一带。但严仲子不甘于失败，他拜访了聂政，希望聂政能够刺杀侠累。聂政在服满三年之丧后，由严仲子的朋友韩山坚做向导往刺侠累。聂政刺杀掉侠累和韩哀侯之后，自毁其面而亡。聂政的姐姐聂嫈和酒家女春姑赶到韩市，认出了聂政，临尸痛哭，将聂政的事迹宣扬出来，而后自杀于聂政尸体旁。剧作赞美了聂氏

郭沫若纪念馆藏郭沫若戏剧作品的部分外译版本

姊弟和酒家女的侠义精神，洋溢着浓浓的诗情。

作为寿郭活动的重要部分，郭沫若十分重视此剧的排演，他多次给演员讲述剧作的本事与剧作故事发生时代的社会风俗习惯，以便演员理解和进入角色，还帮助导演和美工挑选服装、道具和安排布景。

周恩来对《棠棣之花》兴致一直很高。他兴致勃勃跟郭沫若讨论剧中的三年之丧问题："聂政是游侠之徒，侠与儒在精神上不相容，让聂政来行儒家的三年之丧，觉得有点不合理。"[①] 郭沫若本来要吸收他的观点做出修改，但仔细考虑后认为，这一改牵连到全

---

① 郭沫若：《我怎样写〈棠棣之花〉》，《郭沫若全集·文学编》（第6卷），人民文学出版社，1986年，第279页。

剧的情调，不容易改好，只好作罢。12月15日，周恩来又专门给郭沫若写了长信，对剧本提出了20多条意见。郭沫若是四川人，对"你""您"的用法不大能够区分。周恩来在信中详细告诉他如何区分这两个字："北平话，'您'字用在尊敬和客气时，但亲密的家人和上对下均仍用'你'字，音亦有分别。"[1] 然后详细列出了剧中人物彼此称呼时究竟用"你"还是"您"。

在周恩来的重视下，剧中插曲《湘累》在八路军办事处很快就传唱开来。1941年12月7日至12日，《棠棣之花》第二次走进剧场，连演5场。

二

郭沫若对屈原一直十分崇敬，早在1920年，他就以屈原为主人公创作了诗剧《湘累》。在流亡日本期间，他给中学生写了《屈原》这本小册子，还用白话诗翻译了《离骚》等作品。抗战时期，屈原被文化界推崇为民族诗人。在长期积累和抗战文化氛围的推动下，1942年1月2日—11日，郭沫若用10天时间完成了五幕剧《屈原》。

《屈原》以秦并六国前夕为时代背景。楚国在战国七雄中疆域最大，是最有可能跟秦国抗衡的国家。屈原和张仪在政治上处于对立状态。张仪诱骗楚王跟齐国断绝交往，跟秦国结成联盟。屈原在政治上一直主张联齐抗秦。楚国一些大臣，如靳尚等人，收受了张仪的好处，跟屈原也处于对立状态。楚王宠爱的南后郑袖为了阻止

---

[1] 周恩来：《周恩来书信选集》，中央文献出版社，1988年，第206页。

《屈原》剧照 金山饰屈原、张瑞芳饰婵娟

张仪为楚王去魏国选美女,帮助张仪陷害屈原。她请屈原来看她组织人员排演《九歌》,中途借口自己头晕倒在了屈原怀里。正好楚王带着张仪等人进宫看见这一幕。南后大叫屈原非礼。楚王大怒,疏远屈原,满足张仪的要求。屈原被关在牢里。《九歌》中钓者的扮演者向人们讲出了真相,人们同情屈原,卫士决定引导屈原去汉北。围绕这场斗争,郭沫若还写了宋玉和婵娟这两位屈原的学生。宋玉趋炎附势,婵娟饮下毒酒,替屈原而死。屈原把本来写给宋玉的《橘颂》用来祭祀婵娟。

剧本将如此错综复杂而重大的事件浓缩在屈原40岁左右的某一天来写,情节集中,矛盾突出,符合西方戏剧的三一律。《屈原》的情节在奸臣迫害忠良的传统戏曲模式中展开;同时,战国之争也符合部分文化人对抗战的想象;加上《屈原》中回旋着楚辞的诗句,尤其是《橘颂》,在开始和结束两次出现,成为类似基调的因素。这些都使《屈原》具有浓郁的民族特色。

《屈原》的创作和演出得到了周恩来等人的全力支持。创作期间,周恩来来到郭沫若家与他探讨写作上的问题。同时,周恩来指示阳翰笙"帮助配置强有力的演出阵容,保证剧本的演出效果。"[①]经过充分的准备,1942年4月3日,《屈原》开始在重庆国泰大剧院上演。著名音乐家刘雪庵为《屈原》谱写了插曲,导演陈鲤庭用了一个庞大的管弦乐队伴奏。演出期间郭沫若几乎天天到场,等戏演完了才离开。他有时到后台慰问演员,有时在台下看戏,随着剧中人欢笑,伴着剧中人落泪。周恩来非常欣赏剧中的《雷电颂》:"屈

---

① 阳翰笙:《战斗在雾重庆——回忆文化工作委员会的斗争》,《新文学史料》1984年第1期。

原并没有写过这样的诗词,也不可能写得出来,这是郭老借着屈原的口说出他自己心中的怨愤,也表达了蒋管区广大人民的愤恨之情,是对国民党压迫人民的控诉,好得很!"[1] 他"要人到剧场买些票,让办事处和曾家岩五十号的干部轮流去看。还召开座谈会,组织文章,大力宣传这个戏的演出成功。"[2]

《屈原》的演出引起轰动。人们看完戏后,大街小巷时时传来"咆哮吧!咆哮吧!"的怒吼。屈原要把"这包含着一切罪恶的黑暗烧毁",要把"这比铁还坚固的黑暗"劈开,"和着那茫茫的大海,一同跳进那没有边际的没有限制的自由里去",充分体现了那个苦闷和充满期待的时代的创造精神。有观众看完这个剧后写道:"从屈原那种爱国舍身的高尚思想和坚毅不拔的卓越人格上,给予目前在为复兴抗战而奋斗的中华儿女,一番宝贵的教训和楷模"。[3]

《屈原》的演出打动了重庆的民主人士,他们围绕《屈原》,通过诗词唱和表达自己的心声。率先发起《屈原》唱和的是黄炎培,此后沈钧儒、陈铭枢、李仙根、张西曼、柳亚子、柯璜、陈仲陶、陈禅心等人纷纷唱和。中共南方局的董必武、潘梓年等人也加入这一唱和之中。《屈原》唱和持续两个多月,发表在重庆的《大公报》《新华日报》《新民报》《时事新报》《益世报》等有影响的报刊上,形成了一股重要的要求抵抗、辨别忠奸的舆论力量。

---

[1] 章文晋、张颖:《走在西花厅的小路上 忆在恩来同志领导下工作的日子》(增订本),社会科学文献出版社,2013年,第111页。
[2] 金冲及主编:《周恩来传(1898—1949)》,中央文献出版社、人民出版社,1989年,第520页。
[3] 刘遽然:《评〈屈原〉的剧作和演出》,重庆《中央日报》1942年5月17日。

三

在陪都重庆，郭沫若花十元钱从一个轿夫手上买到一个铜虎符，这据说是从轰炸后的废墟中捡到的。虎符是战国及秦汉时代的兵符，按照一定的比例对剖为二，一半在朝内，一半在朝外。如果朝廷遇到调兵遣将的事儿，前去的使者要拿着朝内的一半，外面的将军核对后发现两半相符，才会听令。郭沫若非常喜欢这个虎符，喜欢它的厚重，也喜欢它的古意盎然，于是放在书桌上，朝夕摩挲。

郭沫若由虎符想到了《史记·信陵君列传》中如姬的故事。司马迁虽对如姬着墨不多，但在郭沫若看来实在光彩照人。他在二十多年前就想通过文学作品塑造如姬的形象，却苦于没有更多的参考材料，因此搁了下来。如今书案上这个虎符成了催化剂。郭沫若又想起不久前周恩来曾对他说，中华民族对于慈母很有感情，希望郭沫若能够在作品中塑造一个伟大的母亲形象。郭沫若想来想去，信陵君的母亲魏太妃可以成为这样的形象。在这些因素的作用下，1942年2月2日—11日，郭沫若花10天时间写成了五幕史剧《虎符》。

《虎符》取材于战国时期信陵君窃符救赵的历史。秦国围困了赵国，赵国向各国求援，秦国同时照会各国，如果谁敢去救赵，在灭掉赵国之后就先灭谁。魏王在秦国的威慑之下，不敢出兵救赵。魏王的弟弟信陵君主张合纵抗秦。赵国平原君夫人是信陵君的姐姐，她带领一帮女将来求救无果后，愤而离去。魏太妃和魏王宠爱的如姬十分同情她们，并赞成信陵君的主张。信陵君在如姬的帮助下，窃取了虎符，前往晋鄙军中，令朱亥锤死晋鄙，亲自统帅十万大军

《虎符》剧照

击败秦军。

郭沫若谈到《虎符》时曾说："把人当成人,这是句很平常的话,然而也就是所谓仁道。我们的先人达到了这样的一个思想,是费了很长远的苦斗的。"[1] 他在尊重历史事实的基础上,将"把人当成人"的启蒙精神注入《虎符》剧中。

信陵君救赵,主要原因在于秦国的虎狼之师活埋赵国的40多万降卒,并让国内15岁以上的男丁全部当兵,这都是把人当禽兽、当工具的表现。信陵君有信心击退秦军,"你把我当成人,我把你当成人,相互的把人当成人,这就是克服秦兵的秘诀"。如姬不顾魏王嫉恨信陵君且不愿出兵击秦的事实,冒犯魏王的龙颜,也是愤然于魏王不把自己当人看。她谴责魏王说:"你,你暴戾者呀!你不肯把人当成人,你把一切的人都当成了你的马儿,你的工具"。为了"人的尊严""我的尊严",如姬在帮助信陵君后,自杀在父亲的墓前。这一曲争取"把人当成人"的悲歌,令人荡气回肠。

四

早在流亡日本期间,郭沫若就想将战国末年的高渐离这一人物形象用文学方式塑造出来。郭沫若虽然翻译了《隋唐燕乐调研究》,对中国音乐史有一定的研究,但他还没有研究出"高渐离击筑"中的"筑"究竟是什么样子,所以无法完成这个作品。此后,郭沫若留意相关资料,通过对《史记》《释名》《续文献通考》等著作的

---

[1] 郭沫若:《献给现实的蟠桃——为〈虎符〉演出而写》,《郭沫若全集·文学编》(第19卷),人民文学出版社,1992年,第342页。

综合考察，弄清楚了筑这种乐器的形状和演奏方式："古筑，五弦，如琴而小，左手执其项，置其尾于肩上，右手以竹尺击之。"[①] 他进一步认为，这种乐器是竹子制成的，中空，故高渐离可以在里面加铅。这一关键环节弄明白了后，1942年5月28日—6月17日，郭沫若完成了历史剧《高渐离》的写作。

《高渐离》取材于《史记·荆轲列传》。荆轲刺秦王，从易水出发，慷慨悲歌"风萧萧兮易水寒，壮士一去兮不复还"。击筑伴奏的正是他的朋友高渐离。荆轲失败身亡，高渐离为人作庸保，自暴身份，被抓至秦始皇处，因善击筑，被刺瞎双眼，从此专为秦始皇击筑。高渐离将铅置于筑中，趁机击杀秦始皇，失败被杀。此剧着重讴歌高渐离的豪侠气概，以秦始皇影射蒋介石，送审时没有获得通过，在当时不能上演。直到1946年才以《筑》为名在群益出版社出版。新中国成立后收入《沫若文集》时改名《高渐离》，作者对剧本作了修改，尤其是把"过分毁篾秦始皇的地方删改了"[②]。

五

1942年9月3日起，郭沫若用五天时间，写作了五幕历史剧《孔雀胆》。这是郭沫若最心爱的剧本之一。

元朝末年，明二带领军队进攻云南，云南当时在蒙古人梁王的治理下。梁王启用白族人段功击败明二，段功被封为云南行中书省

---

① 郭沫若：《关于筑》，《郭沫若全集·文学编》（第7卷），人民文学出版社，1986年，第115页。
② 郭沫若：《校后记之二》，《郭沫若全集·文学编》（第7卷），第129页。

《孔雀胆》(群益出版社1943年版)封面

平章政事,梁王将女儿阿盖嫁给了他。蒙古人车力特穆尔因为爱阿盖,嫉妒段功,在梁王面前谗毁段功。梁王授意阿盖用孔雀胆毒死段功,阿盖把这一情况报告给了段功。段功虽然没喝毒酒,却于进宫的路上被杀害。段功的朋友和部下杨渊海杀死了车力特穆尔,为段功复仇。但阿盖却喝下孔雀胆,殉了段功。

郭沫若小时候就对阿盖公主的故事有所耳闻,并对她充满同情。这种同情在多年以后终于发酵成为《孔雀胆》。作为诗人,郭沫若有时并不考虑太多的现实功利因素,而凭着自己的一腔诗意进行创作。《孔雀胆》美化了跟农民革命站在反对立场的段功,受到朋友们的批评。但这是郭沫若从心底流出来的诗。"因为我同情阿盖公主的遭遇,就用很多材料来烘托她,使她成为一个可爱的人物。因之我联带的把阿盖公主底丈夫段功这个人底性格，也写得很好。"[1]

《孔雀胆》上演后，观众对它特别喜爱。"这是一个颇能吸动观众的戏。不看见吗？在将要接近零度的寒夜里，国泰门前还集满了来自各方的观众，他们在那儿站着，听着，谈着，等着最末一场电影映出'明日请早'的字样，等着这名剧的开场。""不看见吗？在演到第四幕时，有多少观众为阿盖公主洒了同情之泪，当车力特穆尔被刺死时，又有多少观众拍了快意的掌声。"[2] 这部剧作在四川、云南等大后方各地上演，抗战胜利后，又在上海等地演出。每次演出都获得观众的热烈欢迎，《孔雀胆》的成功，表明郭沫若仍然葆有独立不倚的创造精神。

六

1943年3月15日，郭沫若开始花半个月的时间，完成了他在抗战期间最后一个完整的剧本《南冠草》。11月13日，该剧以《金风剪玉衣》为名，由洪深导演，在重庆一园由中央青年剧社上演。郭沫若说："《南冠草》这个剧本，我同意了浅哉兄的意见，在演出上更名为《金风剪玉衣》。这本是夏完淳临刑前的一首诗中的一句，很富有象征的意趣。行刑时正是秋天，故借'金风'以喻敌人的残暴。更推而广之，大约是说肃杀之气摧残了中原的锦绣吧。"[3]

《南冠草》讴歌夏完淳不屈不挠、慷慨殉国的崇高的民族精神，

---

[1] 郭沫若：《抗战八年的历史剧》，《新华日报》1946年5月22日。
[2] 徐飞：《〈孔雀胆〉演出以后》，《新华日报》1943年1月18日。
[3] 郭沫若：《〈南冠草〉日记》，《新华日报》1943年11月15日。

郭沫若赠黄炎培《南冠草》油印本内封

任之先生爱

郭沫若 首九日

《南冠草》

五幕史剧

三十二年七月十四五午一气读了 尾声似为狗尾 ... 咸正两经影射今天的时事同时作为处暗 ... 很好 在剧场若必愈... 无此无以振动人心...
在完稿之际地夜默念...
奇语似榴..., 咸此笔文艺...
前志在正面的说明不如合著...
看读读不息行 ...

诸冰岭时先生
恭读全日下午
... 一段
复谢五谊见
要素人意义
而和精一段
呼知不可

鞭挞洪承畴投降清朝的丑恶嘴脸，体现了团结抗战的时代主题，受到好评。当时有评论家认为："以一个十七岁的青年学生，献身国家民族，尽着领导责任，曾轰轰烈烈的做出了使敌人闻而丧胆的成绩，在中国历史上是不多见的。""现在，这种精神被阐发在这部剧本里，将会感召着更多的人们吧。特别是在今天，特别是对于全中国的青年们，夏完淳的事迹与精神，应该是不朽的典范，光荣的典范。"①

1949年后，郭沫若在重庆创作的这些话剧大多重新上演，很多被改编成地方戏、连环画，得到广泛传播，深受观众和读者喜爱。

---

① 金梓凡：《读〈金风剪玉衣〉》，《新华日报》1943年11月1日。

郭沫若1938年为于立群手书蔡文姬《胡笳十八拍》

七

1957年11月,郭沫若与毛泽东、胡乔木等人共进晚餐。毛泽东说:"诸葛亮用兵固然足智多谋,可曹操这个人也不简单。唱戏总是把他扮成个大白脸,其实冤枉。这个人很了不起。"[1] 1958年11月,郭沫若与周恩来、陈毅一起在鸿宾楼吃晚饭,周恩来对郭沫若说:"不妨写一个剧本替曹操翻案。"[2] 毛泽东和周恩来对曹操的关注,引起了郭沫若的高度重视。1958年12月,他开始酝酿话

---

[1] 李越然回忆、权延赤整理:《外交舞台上的新中国领袖》,解放军出版社,1989年,第157页。
[2] 郭沫若致周恩来信(1959年2月16日),郭沫若纪念馆馆藏资料,转引自蔡震《四时佳气永如春》,《中国社会科学报》2016年2月16日。

剧《蔡文姬》的创作。

1959年2月3—9日，郭沫若花了7天功夫，在广州完成了《蔡文姬》剧本初稿。剧本以曹操派人从南匈奴将蔡文姬迎接回汉朝撰述《续汉书》为情节线索。第一、二幕场景设置在南匈奴，围绕蔡文姬的去留问题展开矛盾冲突。蔡文姬是著名学者蔡邕的女儿，多才多艺，尤其擅长赋诗弹琴，她因为汉朝战乱被左贤王带到南匈奴，为左贤王生下了一儿一女。如今曹操派遣使臣来接她归汉。单于和右贤王都同意了。蔡文姬希望带回女儿，但左贤王执意不肯。曹操使臣董祀向蔡文姬说明了曹操和好匈奴、广罗人才、力修文治的政策，掩护在屏围后面的左贤王才明白这并不是来宣扬武力的，于是和董祀结成生死之交，并痛快地催促蔡文姬归汉。第三幕在长安郊外，蔡文姬在蔡邕墓畔悲伤过度，董祀劝她要以天下人的哀乐为哀乐。第四幕在邺下。副使周近向曹操状告董祀，说董蔡二人在归汉途中深夜相会，行为不检点，且董祀将朝廷命服及曹操所持佩剑赠给左贤王，这层关系不明不白。蔡文姬向曹操说出了实情，曹操追回杀董祀的命令，给董祀加官进爵。第五幕距离第四幕已有八年了。左贤王战死，两个孩子终于回到汉朝与蔡文姬团聚，曹操将蔡文姬许配给董祀。剧本随着情节的发展穿插进《胡笳十八拍》的诗句，充满了浓郁的诗意。

《蔡文姬》的主题是替曹操翻案。郭沫若说："我写《蔡文姬》的主要目的就是要替曹操翻案。曹操对于我们民族的发展、文化的发展，确实是有过贡献的人。在封建时代，他是一位了不起的历史人物。但以前我们受到宋以来的正统观念的束缚，对于他的评价是太不公平了。""曹操对当时的人民是有过贡献的，对民族的发展

《蔡文姬》剧照

和民族文化的发展也是有过贡献的。""人民是最公正的。凡是有功于人民的人,人民是会纪念他的。"① 在这个剧本中,曹操将蔡文姬重金从匈奴赎回来,让她继承父亲的志业,帮助撰述《续汉书》,体现了雄才大略的君主气魄。

　　1959年5月21日,《蔡文姬》作为向国庆十周年献礼节目由

---

① 郭沫若:《蔡文姬·序》,《郭沫若全集·文学编》(第8卷),人民文学出版社,1987年,第4、8页。

北京人民艺术剧院在首都剧场公演，67岁的郭沫若观看演出时，一边流泪一边说："蔡文姬就是我啊"。郭沫若在《蔡文姬》单行本的《序》中也曾说："其中有不少关于我的感情的东西，也有不少关于我的生活的东西。不说，想来读者也一定觉察到。在我的生活中，同蔡文姬有过类似的经历，相近的感情。"[①] 郭沫若在写这个剧本时，想起了他20多年前"别妇抛雏"的往事。为了抗战建国，他悄悄离开安娜和5个孩子，乔装回到国内。后来婚姻发生变故，他跟安娜和5个孩子再也不能在一个屋檐下生活了。他内心深处对他们充满了思念，这种思念并没有随着时光的流逝而减淡。但另一方面，祖国建设事业蓬蓬勃勃，作为在科学文化战线上担当重任的郭沫若，又岂能陷入儿女情长不能自拔呢？蔡文姬听从董祀的劝告，从个人悲情中醒悟过来，这也是郭沫若对个人情感的压抑和升华。

八

1959年7月1日，郭沫若到洛阳考察龙门石窟、白马寺等地。龙门石窟西山南部有奉先寺石窟，郭沫若发现岩上石刻有"皇后武氏助脂粉钱二万贯"。这个发现让他很开心，他写了一首《访奉先寺石窟》，咏道："武后能捐脂粉费，文章翻案有新篇。"此后，他开始酝酿话剧《武则天》。

1960年1月10日，郭沫若完成了五幕历史剧《武则天》的初稿。为了追求人物、事件、地点的统一，郭沫若将时间集中在武则

[①] 郭沫若：《蔡文姬·序》，《郭沫若全集·文学编》（第8卷），人民文学出版社，1987年，第3页。

周恩来（第二排右四）在《武则天》成功演出百场时，在舞台上与郭沫若（前排中坐者）、于立群（第二排右三）及全体演职人员合影

天55—61岁这六年间,地点限制在洛阳,并以徐敬业叛乱为剧本的中心事件。在郭沫若笔下,武则天是正面形象。她能够体念民间疾苦,同情人民大众,政治上选贤任能,广开言路之门。她待人诚恳亲切,甚至感化了被她杀害的上官仪的孙女上官婉儿,使得后者能够发挥才干,忠心为国家服务。在她的治理下,唐朝的户籍差不多增加了一倍,经济繁荣,文化昌盛,为开元盛世奠定了坚实基础。郭沫若歌颂武则天的雄才大略,并设置了裴炎这样的反面典型。以裴炎为代表的士族,只是为了篡夺最高统治权,从来不考虑老百姓的利益,他们的造反也只能走向末路。值得注意的是,郭沫若将初唐四杰之一的骆宾王设置成反面人物。在他看来,骆宾王文人无行,畏难苟安,虽然一副怀才不遇落拓不羁的样子,却总想一夜间飞黄腾达,于是参与了徐敬业和裴炎的阴谋。郭沫若引用裴行俭的话:"士之致远,当先器识而后才艺。"认为骆宾王虽然讨伐武则天的檄文写得好,"但不是站在人民的立场说话,而是赤裸裸的争夺政权",所以他是"徒有才艺而无器识"。郭沫若塑造骆宾王这一人物形象时,应该是有所针对的。无论在哪个时代,都有许多文人只顾自己的名利安逸,从不去想人民的福祉。在郭沫若看来,这样的文人应该否定。

郭沫若完成初稿后,多方征求意见,不断修改。1962年6月20日,郭沫若写作了《〈武则天〉序》,文章说:"自初稿写出到现在,快两年半了。在这期间,接受了不少同志们的意见,进行了很多次的修改。目前的这个本子,基本上可以作为定稿了。""这个剧本的改定,得力于北京人民艺术剧院帮助很大,特别是导演焦菊隐同志费了很大的苦心。我和同志们共同斟酌了多少遍,我要特别感谢他们。"郭沫若认为,要想达到历史真实和艺术真实的统一,"据我自己的经

傅抱石为《武则天》所作插图

验，文章的多改、多琢磨，恐怕还是最好的办法。""改，改，改！琢磨，琢磨，再琢磨！铁杵是可以磨成针的。"①

6月29日起，由焦菊隐和梅阡合作导演的《武则天》在北京人民艺术剧院上演。1962年9月，《武则天》由中国戏剧出版社出版，傅抱石为这个剧本绘制了两幅精美的插图。

① 郭沫若：《序》，《武则天》，中国戏剧出版社，1962年，第1、2页。

发展了科学事业

在郭沫若纪念馆后罩房东展厅的北墙上，有三张毛泽东于1949年10月19日签署的"中央人民政府任命通知书"，三张任命通知书均盖上"中华人民共和国中央人民政府之印"。编号"府字第〇〇玖号"的第一张上写着："兹经中央人民政府委员会第三次会议通过任命郭沫若为中央人民政府政务院副总理"。编号"府字第0137号"的第二张上写着："兹经中央人民政府委员会第三次会议通过任命郭沫若为中央人民政府政务院文化教育委员会主任"。编号"府字第〇叁肆柒号"的第三张上写道："兹经中央人民政府委员会第三次会议通过任命郭沫若为中国科学院院长"。

这三个职务中，我想重点回顾郭沫若在中国科学院院长任上的贡献。自1949年开始，直到郭沫若去世，他一直担任着中国科学院院长。我们在后罩房东展厅的展柜中，可以看到很多郭沫若题写刊名的刊物，像《力学》《考古》《历史研究》《物理》《地球物理学报》《微生物学通报》等等。这些刊物，大都跟中国科学院有关。

▎ 中央人民政府对郭沫若的三张任命书

郭沫若题写刊名的部分中国科学院学术刊物

一

新中国要在世界立足，要解决国内的生产和发展等实际问题，科学是重要引擎。中国科学院作为一个全新机构，在政（国）务院直属机构中占有重要位置。郭沫若以副总理身份兼任中国科学院院长，充分体现了中央政府对科学院的重视和对郭沫若的信任。郭沫若不负所托，兢兢业业担负起建设中国科学院的重任。

在所有职务中，郭沫若对于中国科学院院长一职相当看重。工作人员回忆说："在建院早期，他虽然身兼几个要职，但几乎天天到院办公。在主持院务会议时，既不早到，也不迟到。"[①] 郭沫若对中科院的发展做出了最大努力。中国科学院集体写作的悼念郭沫若的文章中说，在郭沫若的主持下，"中国科学院在建立的初期进

---

① 卢嘉锡、严东生：《纪念老院长郭沫若同志》，《人民日报》1982年11月16日。

1954冬，郭沫若（右二）等人在北京郊区为中国科学院选新院址时合影

行了团结科学家和调整机构的工作，把过去被反动政权当作装饰品的科学机构，转变为人民事业的一个重要部分。随后，在理论结合实际的方针指导下，科学研究积极支援国家建设，在实践中发展了我们的科学事业，扩大了科学队伍，提高了科学水平。他所从事的事业是不朽的，他的功绩是不可磨灭的。"[1] 著名科学家钱三强回忆说："他荣任院长以后，几十年中，他为它的成长、发展呕心沥血，帷幄操劳。从院的方向、任务到科研机构的设置、布局，从旧体制调整到新兴学科的发展，从所长人选到青年人才的培养，他都细心

---

① 中国科学院：《遗范长存——悼念郭沫若院长》，《人民日报》1978年6月30日。

体察,一一过问。连现在北京的科学院各研究所集中地区:中关村,也是郭老亲自选定的。"①

在接受任命后的第四天,郭沫若就在北京饭店召集副院长陈伯达、竺可桢等商讨中国科学院的组织问题。11月14日,中国科学院召开干部大会,郭沫若在会上表示:当前全国工作的重点是恢复长期以来战争所造成的创伤,所以应该把力量放在经济建设方面,中国科学院的重点是自然科学,对于社会科学,不是抛弃不管,而是让它慢慢发展,等将来在适当的时机再取得两者的平衡。

郭沫若十分重视中国科学院的政治学习。1950年1月16日,他出席中国科学院召开的政治学习动员会,并做了长篇发言:"我们要研究马克思列宁主义、毛泽东思想。""中国科学院的学习时间是每星期二、四、六上午八时到九时半,一周仅学习四个半小时,集体学习。""或者有人认为学科学与政治无关系,这是多余的忧虑。""政治学习与研究是相配合,各种工作与政治是一致的"。②

1950年6月,郭沫若要求中国科学院根据近代科学发展趋势,吸收国际进步科学经验,做有计划的理论和实验研究,加强科学研究的规划性和集体性,加强各学科间的有机联系,科学研究要为人民服务,与实际紧密联系,以期尽快赶上国际先进的学术水平。这些要求适应了现实需要,具有鲜明的时代特色。

---

① 钱三强:《忆我尊敬的长者——郭老》,《光明日报》1982年11月17日。
② 《郭沫若在政治学习动员会上的讲话》,《中国科学院史料汇编1950年》,第4—6页。

二

郭沫若为中科院积极延揽了一大批顶尖人才。新中国成立后，很多在国外求学和工作的科学家渴望回到祖国的怀抱，郭沫若对此作了积极努力。赵忠尧、鲍文奎等几位准备回国的科学家被美国无理扣押。郭沫若一方面致电保卫世界和平大会主席居里博士，利用国际舆论向美国施压："我国航空力学专家钱学森博士于申请回国时被美警拘捕，物理学家赵忠尧教授和学生二名在返国途中，在日本横滨为驻日美军拘捕。此等蹂躏人权、摧残科学家的暴行，已激起中国科学界及中国人民的普遍愤怒。请你和贵会号召全世界科学家对美帝国主义暴行加以谴责，并要求立即释放被捕之科学家。"[1]另一方面，他采纳了吴有训等人的建议，提前发给赵忠尧月薪，以解决家属生活困难。经过斗争，赵忠尧等科学家终于回到了祖国的怀抱。钱学森回到祖国后，郭沫若请他们全家到家里做客，并赋诗相赠。20世纪50年代初，在各方面的共同努力下，陆续有好几百名优秀科学家从欧美回国，其中有二三百名都被吸纳进中国科学院工作。正是有了像钱学森这样一批杰出的科学家，我国终于有了两弹一星，研制出了计算机，在科学领域内取得了杰出成绩，为工业现代化和国防现代化打下了坚实基础。

郭沫若尊重科学家，鼓励不同领域的科学家为祖国和人民共同奋斗。他在《光荣属于科学研究者》中说，有些科学研究短时间看不出成效，人们应该有耐心去信任和等待，他要求大家尊重和理解

---

[1] 《美国无理拘捕钱学森等 郭沫若致电居里博士 吁请谴责美帝无耻暴行》，《人民日报》1950年9月27日。

科学家："科学研究是最坚苦的、最需要耐心的冷门。一件重要的发明发现,不知道要费多少年月,多少人的心血才能完成。各种科学部门的研究都是有机的联系的,某一部门中的发明发现,也必须有其它部门的同一水平的成就以为条件,才能获得。"①

有些在民国时期就已经知名的文史学者,在新中国成立后一时难以适应,显得比较落寞。但他们大多数信任郭沫若,有困难就写信给郭沫若请求帮助。郭沫若通过中国科学院这个平台,尽量给他们安排工作,提供发表成果的方便,让他们感受到新政权的温暖,并有条件在学术研究上继续前进。

三

1954年1月,政(国)务院批准中国科学院成立物理学数学化学部、生物学地学部、技术科学部、哲学社会科学部等四个学部。经过一年多的讨论和磋商,中国科学院推举233名科学家为学部委员,并报国务院批准。郭沫若规定学部任务为:"根据国家建设的需要和科学发展的规律,根据我国的现状,制定科学工作发展的长远规划和目前计划,检查计划执行情况,保证计划的顺利实现,并且根据情况的发展,在实践中改进计划。""组织全国的科学力量,联系和调整各研究单位的工作,避免科学工作中的重复和遗漏的现象,充分运用和发挥各单位的特长,将分散的力量集中起来,用以解决国家建设的重要的任务。"学部委员要参加到各所的学术委员

---

① 郭沫若:《光荣属于科学研究者》,《科学通报》第2卷第1期,1951年1月。

大年同志：

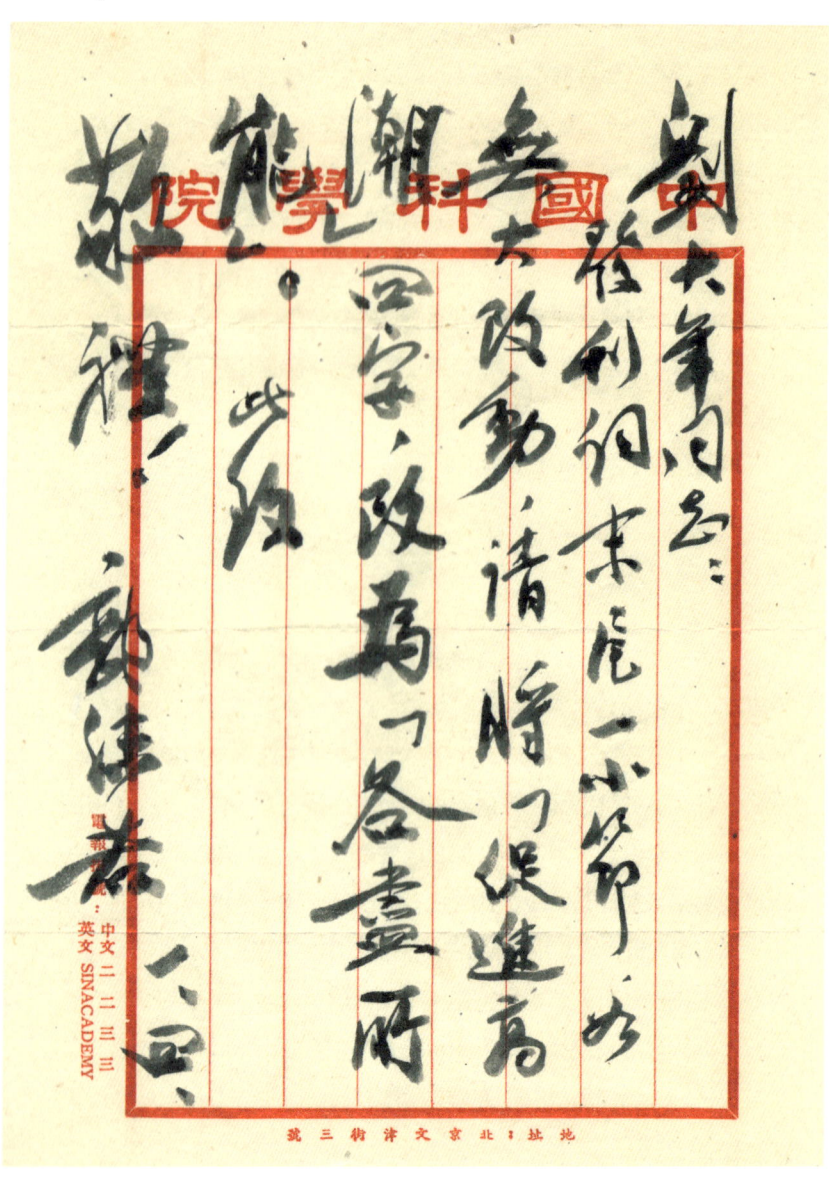

投刊的末尾一小節，好像大改動，請將「促進為四字，改為「各盡所能」，此改

祺

郭沫若 八、四、

会中,学术委员会决定各所的大政方针。学部委员制度的建立,用郭沫若的话讲,意义在于"中国优秀的科学家,要更有组织地参加中国科学事业的领导工作了"①,并为将来评选院士准备了条件。

学术刊物是科研成果的重要发布平台,至1954年10月建院五周年时,中国科学院就已经创办了37种专业性学术刊物,此后还不断有新刊创办,其中大部分成为该学科领域最为权威的学术期刊。郭沫若十分重视办刊,他亲自担任《历史研究》的召集人,并为很多刊物题写刊头,甚至撰写发刊词。

《历史研究》创刊于1954年1月,这是历史研究领域最为权威的刊物。郭沫若特意在发刊词中指出:"历史研究的资料对于我们是绝对丰富的,而历史研究的需要在今天却又相当地迫切。汉民族的历史、少数民族的历史、亚洲各民族的历史乃至世界史都需要我们以科学的观点来进行研究和解释。""在世界史中关于中国方面的研究却差不多还是一片白页。这责任是落在我们的肩头上的,我们须得满足内外人民的需要,把世界史上的白页写满,我们须得从历史研究这一角度来推进文化建设,促成社会主义工业化的实现。"

发刊词交出去的第二天,郭沫若特意两次给刘大年、尹达写信,要求他们对这份发刊词仔细斟酌,尽量修改。第三天,他又给刘大年写信谈发刊词:"末尾一小节,如无大改动,请将'促进高潮'四字改为'各尽所能'。"② 这充分体现了郭沫若对《历史研究》的重视。

---

① 郭沫若:《在中国科学院学部成立大会上的报告》,《人民日报》1955年6月12日。
② 手迹复印件。

金灿同志着手加以整理，娜娥正部"新牛马经"，这是很有意义的。兵俑从塑型造像或从实用价值来说，相信得推崇。当到是研究迎访敬需学的专家更宜细心海讨以求於考的会通而开展实际的效用。

郭沫若 一九五三年

郭沫若为《新牛马经》写的序言

兽医学,我没有研究过,但我知道这是很重要的一项学问和技术。牧畜业和人民生活是不可分离的,就到了共产主义,畜牧业高都是很重要的产业。牧畜业是跟社会的发展而发展的。牧畜业发展,则兽医防治疾病的工作便愈增加其重要性。中国古代对于兽医学积累了许多的经验,午

郭沫若在百忙之中与《历史研究》实际负责人尹达一起挑选稿件，修改文章，为编好这份刊物付出了大量心血。贺昌群投来一篇讨论西汉土地占有制度的文章，郭沫若仔细阅读，提出了长达6页的修改意见，这些意见具体到标点符号。贺昌群根据郭沫若的意见仔细修改了文章，发表在《历史研究》1955年第2期。有些文章不能用，郭沫若也很认真地给作者写了回信。

1958年，郭沫若（右三）等人陪同毛泽东（右四）参观中国科学院科技成果展览

对于那些跟生产与生活相结合的研究成果，郭沫若给予了高度肯定。兽医专家金重冶编著了《新牛马经》，郭沫若特意给这本书写《序》，称赞其"无论从整理遗产或从实用价值来说，都很值得推荐。"[1] 郭沫若还为化学专家侯德榜的《制碱工学》题名并写序，认为作者"和他的同伴们把合成氨和纯碱的两大工业结合了起来，成为了今天能够连续大量制造纯碱和氯化氨的联合企业，这在我国制碱工业史上写下了光辉的一页，在国际学术界获得了高度评价的。"[2] 此外，郭沫若还为《中国淡水鱼类养殖学》《养猪印谱》等多部著作题写书名或写序，充分体现了郭沫若对科学与生产相结合的重视。

四

郭沫若特别拥护"百花齐放、百家争鸣"的方针，并在中国科学院坚持民主风气。他认为："在学术上展开自由争论，要使不同的意见充分发挥，决不能轻易地下结论。在讨论中，少数人的意见应受到尊重，因为多数人的意见不一定就是最正确的意见。一百多年前，马克思主义就是绝对的少数。对于中国古代史的分期问题，我和范文澜先生有不同的见解，同意我的意见的人并不一定是多数，但我们可以彼此阐述自己的论点。在自然科学研究方面，每一学者都可以根据自己独立思考的研究提出不同的看法。"[3] 他的同事们

---

[1] 郭沫若：《序言》，《新牛马经》，财政经济出版社，1955年。
[2] 郭沫若：《序》，《制碱工学》，化学工业出版社，1959年。
[3] 郭沫若：《"百家争鸣"万岁》，《大公报》1956年8月26日。

对此印象十分深刻,时任中科院党组书记的张劲夫回忆说:

在郭老主持下,科学院很重视学术民主,院部由学部委员分别设立有关学部外,各研究所,都设有学术委员会,对科研课题选题及科研成果鉴定,都要经过有关科学家论证,由科学家民主讨论。发扬学术民主,能取得一致意见的就议定下来,而未能取得一致意见的,鼓励继续争鸣。有时采取求同存异的办法,能同者就定,异者允许保留。①

历史学领域对中国历史分期及相关问题长期存在不同意见,数学领域中的基础数学与应用数学,生物学方面的苏联李森科学派与摩尔根学派也存在着争议,对此,郭沫若"建议要为不同的学派设立研究机构,并为他们培养年轻人创造条件,严格鉴定学术观点与政治问题,不能乱扣帽子,要创造良好的'双百'局面。"②

1957年,反右派斗争发生后,郭沫若和中国科学院的领导一方面要求各位科学家和右派划清界限;另一方面想尽办法防止反右派斗争在中国科学院扩大化。张劲夫回忆说:

由于当时科学家为数不多,而这些科学家对本行以外的事不熟悉,不在行,即使提的意见是错的,其实质并不是在反党反社会主义。针对这种情况,在郭老的关怀帮助下,我们向党中央作了汇报,

---

① 张劲夫:《深切怀念老院长郭沫若同志》,《怀念集》,中共中央党校出版社,1994年,第37页。
② 郭庶英:《我的父亲郭沫若》,第141—142页。

全國人民代表大會常務委員會辦公廳便箋

华先生：

已知弧形的长度，求其圆心（或是半径）的方法，请您再告诉我一遍，最好用图表示。

郭沫若

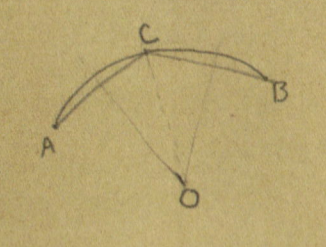

在AB弧上取一点C.（任意一点都可以）AC的垂直平分线和BC的垂直平分线的交点，就是圆心O。

OC就是半径了。

郭沫若致信华罗庚讨论数学问题

建议采取保护政策。凡回国不久的，不参加运动，对于思想问题与政治问题一时难于区别的，先作为思想认识问题来处理。对于一些著名科学家，即使是对问题认识错了，只采取谈话方式给予帮助，不能采取批斗方式。这一建议，得到了党中央的同意，并责成科学院代党中央起草了一个有关自然科学界反右派斗争策略的文件。这个文稿很快得到党中央的批准，正式作为中央文件下发了。科学院（包括外地的分院、研究机构）都按照中央文件去执行，保护了不少好同志。

张劲夫还认为："我们虽然减少、减轻了对科技人员的伤害，但还是伤害了一些同志。如果不是有像郭老这样的院长关怀帮助，我们在当时'左'的思想影响下，犯的错误还要大。"[1]8月30日晚，中国科学院党组扩大会议确定了58—98名有较高成就、有较高声望、在国内外有影响或新回国的留学生为保护对象，防止他们受到反右派斗争扩大化的伤害。

五

在后罩房东展厅的展柜中，有一些和中国科学技术大学有关的展览。其中有郭沫若写的《永恒的东风（中国科学技术大学校歌）》，也有郭沫若给中国科学技术大学党委书记郁文的一封信，还有三张郭沫若为中国科学技术大学的题字。所有这些，都表现了郭沫若对中国科学技术大学的关怀。

---

[1] 张劲夫：《深切怀念老院长郭沫若同志》，《怀念集》，第39—40页。

1964年春，郭沫若（左二）等在中国科学院化学所视察

展柜中那封郭沫若给中国科学技术大学党委书记郁文的信这样写道："由于《沫若文集》的出版，版税积累不少。我现捐赠科技大学两万元，作为同志们的福利金，特别帮助衣被不足的同学。附上兑票乙纸，请查收，并予处理为荷。"这背后是郭沫若和中国科学技术大学的感人故事。

为培养科学技术的专门人才，1958年，郭沫若汇总部分科学家的意见，向中央提交报告，建议中科院创办一所大学。中央批准成立中国科学技术大学并任命郭沫若为校长。中科大党委书记郁文回忆说：

创建中国科技大学的筹备工作仅花了三个月时间。当时，招生在即，校舍、生源、教职员工、教学计划和后勤供应等一系列问题都迫在眉睫，亟待解决。校舍不足，郭老和当时任中国科学院党组书记的张劲夫副院长亲自奔波，筹借礼堂和宿舍；没有教师，郭沫若主持校务委员会聘请科学院一大批著名科学家任教；为解决招生问题，经报请中央批准，从各省、市当年的考生中为科大优先录取1600名品学兼优的学生入学。开学前，郭沫若陪同聂荣臻到校仔细察看了教室、实验室、运动场和宿舍，并且亲自为校歌作词，并约请著名音乐家、全国音协主席吕骥为校歌谱曲，并一起教学生练唱校歌。①

展柜中展出的由郭沫若作词的中国科学技术大学校歌《永恒的东风》歌词为：

迎接着永恒的东风把红旗高举起来，插上科学的高峰！科学的高峰在不断创造，高峰要高到无穷，红旗要红过九重。我们是中国的好儿女要刻苦锻炼，辛勤劳动，在党的温暖抚育坚强领导下，为共产主义事业作先锋。又红又专理实交融，团结互助活泼英勇，永远向人民学习，学习伟大领袖毛泽东。

郭沫若向周恩来汇报了中国科学技术大学"开学典礼致辞"内容，周恩来肯定说："可以，是施政方针了"。经过紧张筹备，中国科学技术大学于1958年9月20日举办了成立大会暨开学典礼。新成立的中国科技大学设立13个系，41个专业，大多是新兴专业。

---

① 郁文：《郭沫若与中国科学技术大学》，《教育与现代化》1992年第3期。

郭沫若(前排右二)等人在中国科学技术大学运动会上

郭沫若十分重视中科大的发展。他常常邀请聂荣臻、陈毅等党和国家领导人及著名科学家去学校作报告。学校的开学典礼、毕业典礼，只要可能，他都要亲自参加，讲话稿大都由他本人亲自拟定。

郭沫若出席了中科大1959年元旦献礼大会，他在讲话中要求同学们重视科学，特别是科学精神，将大胆创造与科学精神相结合，要仔细、耐心的观察、分析、研究客观事物的发展规律，掌握规律，利用规律。他还要求同学们要做到思想好、作风好、工作好、学习好、

互助好、身体好、劳动好、休息好。讲话结束后,他写了三首诗勉励学生,其中最后一首也在我们的展柜中展出了:

绳可锯木断,水可滴石穿。苦干兼巧干,坚持持久战。

路要两腿走,唱要有节奏。既要专能深,还要红能透。

凡事不怕难,临事亦须惧。不作浮夸家,两脚踏实地。[1]

展柜中展出了一幅郭沫若的长篇题词。这是1959年5月4日五四运动四十周年纪念时郭沫若给中国科学技术大学题的。题词写到:"要建成社会主义必须发展科学技术,培养出一批又红又专的科学人才。科学技术并非高不可攀,红透专深也并非特别困难,只要鼓足干劲,力争上游,在毛泽东时代的青年没有任何不能克服的难事。科学技术大学欢迎一切有志的青年,共同踏破科学的高峰,并创造科学的更高峰,多快好省地建设社会主义。"

1959年9月,郭沫若出席中科大第二届开学典礼,在强调思想基础和语文基础的同时,特别要求同学们打好科学基础:"党交给我们的任务是要训练出大批尖端科学的人才。要搞好尖端科学,基础科学如象数学、化学、物理、力学等是不能不重视的。这是尖端科学的科学基础。要把基础科学学好,将来进入专业学习才有一定的根底。我希望你们对于基础科学要好好地学习,认真地学习。"[2]

---

[1] 郭沫若:《集外诗三首》,《郭沫若研究》(第12辑),文化艺术出版社,1998年,第271—272页。
[2] 郭沫若:《勤奋学习 红专并进——在新学年开学典礼大会上的讲话》,中国科学技术大学《中大校刊》第33期,1959年9月11日。

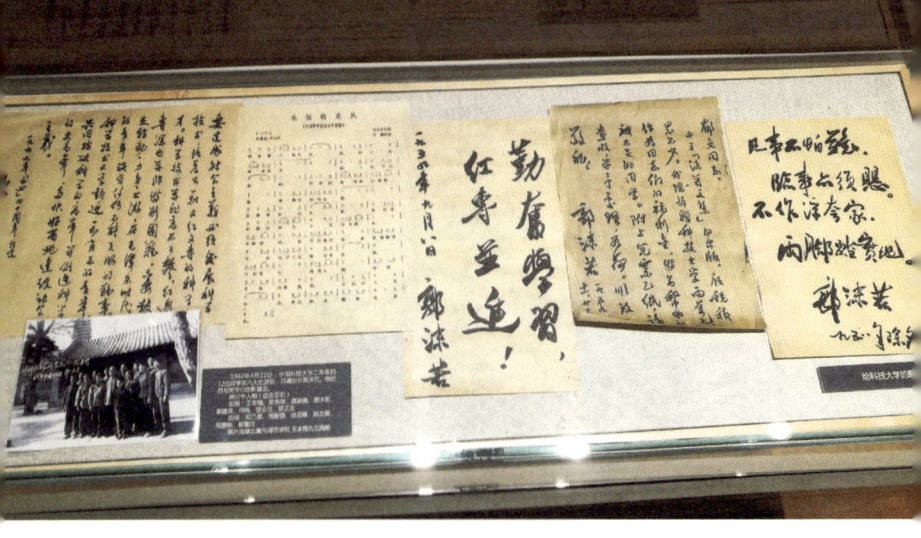

郭沫若纪念馆后罩房东展厅展出的郭沫若与中国科学技术大学相关的图片

我们展柜中展出了郭沫若在这次开学典礼上的题词:"勤奋学习,红专并进!"

郭沫若非常关心中科大学生的学习和生活情况,郁文回忆说:

> 当时入学学生大部分是工农学员,经济上不充裕,入冬了,有的同学没有冬装,郭老和钱学森教授看了很同情,立即从稿费中拿出几万元钱给学生置办冬装。1960年春节,许多学生没有回家,郭老便到校和学生一起吃年饭,还发给每个学生一些"压岁钱",使远离家乡和亲人的同学们感到格外温暖。为丰富学生的文体生活,郭老将他所创作剧本的首演票送给师生,还将国外友人馈赠的礼品转赠给学校。①

---

① 郁文:《郭沫若与中国科学技术大学》,《教育与现代化》1992年第3期。

1961年"五一"国际劳动节,郭沫若校长在学校操场与学生共舞

郭沫若逝世后,经中央批准,用他作为党费交给党组织的十五万元稿费设立"郭沫若奖学金",这是新中国成立以来第一个以个人名字命名的奖励基金,很多获奖者成为科学技术领域的精英。

郭沫若对中国科技大学的关爱,至今温暖着中科大师生员工的心。

保卫世界和平

郭沫若外交活动足迹图

　　在郭沫若纪念馆后罩房东展厅西墙前的展柜中，有一张郭沫若获得"巩固国际和平"斯大林国际奖的获奖证书。展柜往南的墙上，设计了一幅足迹图。从北京出发，连接莫斯科、柏林、巴黎、斯德哥尔摩、哈瓦那等世界多个重要城市。这些城市都是郭沫若曾经到达过的地方。足迹图下面有一个屏幕，观众点击相关地名，可以出现郭沫若在这个地方参加会议或相关活动的照片。这张获奖证书和足迹图背后，是郭沫若对于中华人民共和国的人民外交事业所做出的杰出贡献。

一

　　这张获奖证书是用两种语言写成的。左页是俄文，右页是中文。中文写道："依据斯大林国际奖金委员会于一九五一年十二月二十日决定，为表彰在保持和巩固和平方面有卓越功绩，特将'巩固国际和平'斯大林国际奖金授予中国科学院院长郭沫若"。证书下方是斯大林国际奖金委员会主席斯科贝尔琴和副主席爱伦坡的俄文签名。

　　苏联最高苏维埃主席团于1949年12月20日为庆祝斯大林七十寿辰颁发命令，设立"巩固国际和平"斯大林国际奖金。奖金每年颁发一次，每次5—10名获奖者，奖品为刻有斯大林像的金质奖章一枚，奖金为十万卢布。郭沫若被聘为奖金委员会副主席。

| 郭沫若获得"巩固国际和平"斯大林国际奖的获奖证书

1951年和郭沫若一同获奖的还有意大利议员彼特罗·南尼，日本议员大山郁夫，英国公众领袖蒙尼卡·费尔顿，德国女作家安娜·西格斯，巴西作家乔治·亚马多。

在斯大林和平奖金委员会做出这一决定后，莫斯科各报对郭沫若获奖进行了报道和赞扬。《真理报》社论说："在'加强国际和平'斯大林国际奖金的得奖人当中，有伟大的中国人民的光荣儿子郭沫若。爱好和平的人民都知道郭沫若是热情的和平斗士。他不倦地揭露和平的敌人的阴谋。大家也知道郭沫若在建设中华人民共和国中的多方面的活动和他在建立和发展民主中国的文化事业中的功绩。"《共青真理报》社论说："郭沫若是伟大的中国人民的忠实儿子、大科学家和作家、社会和政治活动家、本国和国际保卫和平运动的积极参加者。郭沫若的全部活动，是忘我地服务国际和平、进步和自由事业的榜样。"[1]

苏联电影艺术家格拉西莫夫发表了他对郭沫若的印象，他说他最初见到郭沫若是在天安门城楼的开国大典上。"你无论如何猜不出他的年龄；他愉快地挤着他那明亮的、幸福的眼睛，遥望着他面前像海一样的红旗、标语、宣传画、革命领袖们的照片，遥望着这个胜利的革命人民的节日底沸腾火热的全部景象，在他所经过的全部自觉生命中，他一直和这个胜利的人民在一起，他曾经为了这个人民的幸福而战斗，并且还继续在战斗着。"后来，格拉西莫夫还在各种场合不断见到郭沫若。"郭沫若到处出来演说，他那热烈、机智、果敢和一语中的的话，永远这样使人感动，永远这样容易明瞭、

---

[1] 《莫斯科各报以显著地位 祝贺郭沫若等得奖》，《人民日报》1951年12月22日。

将永远为广大的人们不论其为农民、工人、学生、教师或士兵所热爱着。郭沫若的成为保卫和平事业中最积极的战士之一并不是没有理由的。郭沫若热爱生命，郭沫若热爱人类。他是争取人民幸福的真实战士，因此之故，他也是保卫和平的忠诚战士。他就是这样地为亿万劳动人民所熟知。"①

苏联拥护和平委员会主席吉洪诺夫和苏联科学院院长涅斯米扬诺夫等人都给郭沫若发来贺电："全世界和平保卫者都知道你是为国际和平与友谊而奋斗的永不疲劳的战士。""我们钦佩你为维护国际和平和友谊而作的忘我斗争。我们祝贺你健康并希望你在有成效的科学和社会活动中获得进一步的成功。"②

12月22日，郭沫若复电"巩固国际和平"斯大林国际奖金委员会主席、苏联科学院院士斯科贝尔琴："我接到您亲切的电报，知道了我获得一九五一年度'加强国际和平'斯大林国际奖金，这真是我有生以来的最大的荣幸。这不仅是对于我个人的极大的鼓励，而同时是对于全中国人民的极大的鼓励。""奖金十万卢布，我愿意全部献给中国人民保卫世界和平反对美国侵略委员会，以作为保卫和平事业之用，请允许我先把这个预定向您报告。"③

12月23日，郭沫若在北京发表书面谈话。谈话认为："为纪念斯大林大元帅七十寿辰而设置的'加强国际和平'斯大林国际奖

---

① [苏]联格拉西莫夫著，谢曜译：《郭沫若》，原载苏联《文学报》1951年12月22日，引自《杰出的国际和平战士》，世界知识出版社，1952年，第76、77页。
② 《吉洪诺夫和涅斯米扬诺夫 分别电贺郭沫若荣获斯大林国际和平奖金》，《人民日报》1951年12月23日。
③ 《郭沫若电复斯科贝尔琴 决定明年亲自赴莫斯科接受斯大林国际和平奖金愿将奖金献给中国人民保卫和平反美侵略委员会》，《人民日报》1951年12月25日。

斯科贝尔琴（左）将"巩固国际和平"斯大林国际奖金授予郭沫若（右）

金，是今天国际上最高的荣誉奖金。在第二届一九五一年度的六人获奖者中有我，在我当然是光荣绝顶的事了。因为过分的光荣，使我接受起来认真感觉着有些惶恐。论我个人的工作表现，是不足以膺受这样最高荣誉的。请允许我作这样的了解：这并不是给予我个人，而是给予我们在英明领袖毛主席领导之下为'加强国际和平'而奋斗的全中国人民。我们全中国人民的人民革命的胜利、抗美援朝的胜利以及各方面建设事业的胜利，对于'加强国际和平'的事业是有着贡献的，我只是作为一个代理者，代替中国人民接受了这一次应该属于全国人民的最高荣誉。这对于我们全中国人民是很大的鼓励，而对于我个人尤其是大到无以复加的鼓励。我们中国人民得到鼓励，更要努力遵循着毛主席的指示，增产节约，加强抗美援朝，这正是我们今天'加强国际和平'的最有效的行动。我个人尤其要加倍努力，使得自己的工作在各方面能有更实际的成效。"[1]

1952年4月9日，郭沫若在奥斯陆参加完保卫世界和平理事会执行局会议后，飞赴莫斯科，在克里姆林宫出席"巩固国际和平"斯大林国际奖金委员会为他举行的隆重的授奖典礼。斯科贝尔琴将奖状和斯大林金质奖章颁发给他。郭沫若当场朗诵了他的《光荣与使命》："维护国际和平的奖章，静穆地，悬挂在我的胸上。/我代表着保卫和平的中国人民，作为一个形象，/接受了几万万中国人民共同努力所得来的光荣，/但也接受了一个庄严的使命，在今天是意义深长。"[2]

---

[1] 《为荣获斯大林国际和平奖金　郭沫若在京发表书面谈话》，《人民日报》1951年12月24日。
[2] 郭沫若：《光荣与使命》，《郭沫若全集·文学编》（第3卷），第45页。

二

"巩固国际和平"斯大林国际奖表彰的是郭沫若在加强和巩固国际和平方面所做出的贡献。那么,郭沫若究竟做了什么样的贡献呢?这得从中国人民保卫世界和平大会说起。

经历了二战的残酷,很多国家的知识分子对战争十分厌倦。1948年,法国、德国、意大利、波兰等国家的知识分子在声势浩大的反对核军备竞赛和保卫和平运动的情势下,建立了保卫和平的组织。3月20日,北平各界代表在北京饭店举行会议,会议决定响应保卫世界和平运动,反对侵略战争,推派代表参加4月在巴黎召开的世界拥护和平大会。24日晚,郭沫若在出席世界拥护和平大会各人民团体代表会议上被推举为中国代表团团长。代表团在28日请

▎ 郭沫若题写的北京中山公园中的保卫和平坊

郭沫若在《人民日报》发表《保卫世界和平专刊·发刊词》

周恩来作了临别谈话。3月29日，中国代表团启程，郭沫若在谈话中表示：中国将团结全世界民主和平的力量，消灭帝国主义集团的侵略战争。

4月17日，中国代表团抵达布拉格。法国政府拒绝包括中国代表团在内的一些代表入境，来自72个国家的代表只得在巴黎和布拉格同时召开会议。5月底，代表团回国后，由郭沫若署名的《出席巴黎——布拉格世界拥护和平大会中国代表团报告书》发表在《人民日报》上，这份报告书除详细介绍这次大会的情况外，还建议成立"中国拥护和平大会",由这个组织负责与世界拥护和平大会常设委员会联系,并尽力帮助、支持世界拥护和平大会的各种活动。

10月3日,郭沫若在中国人民保卫世界和平大会成立大会上当选为中国人民保卫世界和平大会委员会主席。据《中国共产党建设大辞典》称,中国人民保卫世界和平大会是"中国人民反对帝国主义侵略,保卫世界和平的群众组织","它的主要任务是:向全国人民报告世界和平运动的各种活动,揭露帝国主义的战争阴谋,向全世界人民传达中国人民保卫世界和平的决心,加强与世界拥护和平大会常设委员会之间的联系"。[1] 毛泽东等党和国家领导人非常重视这个世界性的组织,中国代表团出席国际会议前,周恩来常常亲自给代表团成员讲解国家政策和国际形势。

三

1950年11月,第二届世界保卫和平大会在波兰华沙召开,郭沫若率团参加大会。11日,郭沫若在大会演讲中说:"因为我们爱好和平,所以我们坚决地反对侵略。对于威胁和平、扰乱和平、破坏和平的侵略者,我们的民族已经对它们作了一百年以上的斗争。一百年来的中国人民的历史正是一部保卫和平的斗争史。"他代表中国代表团向大会提出的5项建议包括:"结束美国和其他国家对朝鲜的侵略,要求从朝鲜撤退一切外国侵略军,实现朝鲜问题的和

---

[1] 乔明甫、翟泰丰:《中国共产党建设大辞典》,四川人民出版社,1991年,第99页。

向华沙大会看齐

郭沫若

一九五〇年十一月初第二届保卫世界和平大会，原拟在英国的沙菲尔召开的，因受英国政府的阻挠，乃在华荷京华沙召开的。华沙劳动人民在很短的期间内，四天连夜把一座印刷厂改成了大会场。

华沙人民爱好和平的热诚与资本主义国家破坏和平的凶恶，显成了一个鲜明的对比。

然西伯筑和平的敌人为榜样迎接和平。而华沙大会都同样更加有声有色。

华沙大会在美帝国主义侵略战争狂潮高涨期中召开的，当时军事铁幕已经深到鸭绿江边，中国人民志愿军的胜利是正在酝酿，铁幕受好和平正义的人民对抗侵略人民的反侵，山摇累侵到了高潮。大会上表现了的歌声细人民代表的鼓舞振奋，这也就宣示了和平必然胜利的香证信心。

华沙大会的主要和平运动奠定了坚实的基础。和运的中心战斗一如今的平印事业，是至这次大会地为世界和平拟下了共同遵纲而纲领。

郭沫若《向华沙大会看齐》手迹

平解决","要求美国立即停止对于中国人民解放台湾的任何干涉","坚决反对原子武器的使用,并要求宣布首先使用原子武器的政府为战争罪犯而加以制裁","要求世界各国同时裁减军备,建立有效的管制,并建议各国人民在和平生活中作经济文化建设上的相互协助"。①

中国代表团的建议引起了与会者的高度重视。大会通过了两个文件:《告全世界人民的宣言》和《致联合国书》,主要内容包括:"从朝鲜撤退外国军队,在朝鲜人民代表参加之下,和平解决朝鲜问题;要求这个问题应由包括中华人民共和国代表在内的,包括全体成员的安全理事会来加以解决。制止美国军队对中国的台湾的干涉,对越南民主共和国进行的战争。""调查在朝鲜的大屠杀罪行,尤其是调查麦克阿瑟的责任。""无条件禁止原子武器、细菌和化学武器、毒气、放射性武器及其它大规模毁灭人类的各种武器"。②

这些文件的通过,体现了郭沫若等人维护新中国权益的正确主张得到了国际社会的广泛同情和支持。正如郭沫若在文章中指出的,中国保卫和平的行动"在华沙二届和平大会上是得到了全世界的响应了","华沙二届和大全部采纳了我们中国人民所提出的五项建议。二届和大各项决议的精神,一句话归总,便是'和平不能坐待,必须争取'。"③

---

① 《郭沫若在世界和大演说》,《人民日报》1950年11月23日。
② 郭沫若:《第二届世界保卫和平大会的经过、成就和我们今后的任务》,《人民日报》1950年12月27日。
③ 郭沫若:《全世界都在响应》,《人民日报》1950年12月29日。

四

1951年2月，郭沫若率领中国代表团赴柏林出席保卫世界和平大会理事会。

2月22日下午，郭沫若代表中国代表团对理事会提出五点建议，包括："和平理事会对于联合国大会诬蔑中华人民共和国为侵略者加以谴责，并要求立即取消这一可耻的决定，而接受中华人民共和国中央人民政府关于朝鲜及远东问题的和平建议。""和平理事会向中华人民共和国、苏联、美国、英国政府建议，召开一定的会议，讨论日本问题，依据开罗宣言、波茨坦公告和雅尔达协议，早日缔结全面的对日和约。""号召世界人民、母亲们、二次大战伤兵们及死亡者的家属们，采取可能的一切方式，反对美国武装德国和日本，拒绝参与武装德国和日本的一切行动。"

1951年2月，世界和平理事会第一届会议在柏林举行，郭沫若在大会上发言

大会经过六天的讨论，完全采纳了中国代表团的建议，做出的十项决定中包括："反对武装日本，主张和平解决日本问题"，"要求一切外国军队撤出朝鲜，让朝鲜人民自行解决朝鲜内政"，"要

求联合国取消诬蔑中华人民共和国为'侵略者'的决议。"①

五

1951年11月,郭沫若率中国代表团到维也纳出席世界和平理事会第二届会议。

郭沫若在5日的大会发言上说:"历史告诉我们,用武力从事征服从来没有过成功的例子。即使有的获得一时的成功,结局必然遭受到极残酷的失败。""假如是反侵略的正义战争,最后的胜利必然属于人民。人民是不可战胜的,它在军事上纵属劣势,也能够克服优势的敌人。""我们只认识一个简单的真理:世界各国的事务,必须由各国人民自己来管。能够做到这样,战争的危机就会立即消除。""我们坚决地相信:和平一定战胜战争!"②

郭沫若还认为:"由于中国人民革命的胜利,尤其是一年来在朝鲜战争中中朝人民的共同的伟大胜利,鼓舞了全世界被压迫的人民,民族解放的烽火、反抗帝国主义的烽火,燃遍了远东,更由远东燃到中东近东,更燃到了北非。"但同时,美帝主义扩军备战,造成形势紧张,所以这次会议"目标就是要打击战争贩子的计划,剥夺他们一切准备战争的借口,扩大和平运动,鼓励和平阵营的力量,鼓励民族解放的运动。"③

---

① 郭沫若:《第一届世界和平理事会的成就》,《人民日报》1951年3月16日。
② 郭沫若:《我们坚决地相信:和平一定战胜战争!》,《人民日报》1951年11月7日。
③ 郭沫若:《世界和平理事会第二届会议的成就》,《人民日报》1951年12月13日。

1951年11月，郭沫若（前排右一）与茅盾（前排右二）等人出席在维也纳召开的世界和平大会理事会第二届会议

郭沫若的期待得到实现，这次会议在要求裁军、缔结国际公约和加强文化交流上取得了进展。

11月8日，代表团成员在维也纳参加和平理事会后，提前一个星期为郭沫若庆祝生日。郭沫若特意写了《多谢》这首诗，感谢这种"兄弟姊妹般的热情"，"是你们的热情促进了、也绿化了我的生命"：

要战胜年龄的衰谢，是一场剧烈的斗争；
我接近你们的呼吸，便感觉到血液沸腾。

仰仗着你们的健康、诚挚、勇敢、聪明、机警，使我的精神也仿佛化成了紫色的水晶。①

六

1952年3月，郭沫若率团参加世界和平理事会在挪威奥斯陆举行的讨论美国在我国东北和朝鲜投掷细菌武器的特别会议，对要不要干预美国在朝鲜战争中使用细菌武器，与会者有分歧。

4月1日，出席世界和平理事会执行局会议的各国代表举行记者招待会，郭沫若与朝鲜代表李箕永向记者报告了美国在朝鲜和中国进行细菌战的事实，当场宣读正在调查此事的国际民主法律工作者协会调查团发来的电报，并向记者分发提交世界和平理事会执行局会议的文件和照片副本。2日，郭沫若与约里奥·居里等联名发表题为《反对细菌战》的告全世界男女书，号召全世界人民行动起来制止细菌战。

由于郭沫若等人的出色表现，大会最终通过决议，组织"调查在中国和朝鲜的细菌战事实国际科学委员会"。同往参加大会的钱三强回忆说：

在这胜利的时刻，我们每个人的脸上都象一束绽开的花，然而却不是在笑，而是流出了兴奋的泪水！郭老听完决议，也忍不住内心的激动，他一动不动的坐在座位上，长时间用手绢捂住眼睛，不

---

① 郭沫若：《多谢》，《郭沫若全集·文学编》（第3卷），第42页。

1953年6月19日，郭沫若（左二）在布达佩斯与匈牙利科学院院长交谈

想让人看出他在流泪。一到休息室，他就对我们说："总算没有辜负党和人民的委托啊！"他这简短而充满深情的话语，充分表达了郭老对党和对人民事业的忠诚。他的这种精神，当时和后来一直深刻的教育着我。①

---

① 钱三强：《忆我尊敬的长者——郭老》，《光明日报》1982年11月17日。

奥斯陆特别会议充分说明，郭沫若通过世界和平大会等民间组织开展人民外交，维护了新中国的核心利益。他和他的同事们的积极努力取得了很大成功，使得新中国争取到了世界人民的广泛同情和支持。

七

郭沫若对保卫世界和平的工作投入了相当多的精力。中国保卫世界和平大会成立后，郭沫若20次率团出席世界和平大会。其间多次到莫斯科，四次到斯德哥尔摩，三次到柏林，三次到维也纳，两次到布拉格，还到过奥斯陆、赫尔辛基、布达佩斯、新德里和科伦坡等城市，传播中国人民保卫世界和平的理念。

郭沫若冒着危险、艰辛，频繁活动在国际舞台，其出色表现为新中国赢得了很多荣誉和机会。当时很多著名作家和科学家都参加了中国人民保卫世界和平大会，并多次聆听郭沫若的发言，留下了深刻的印象。和郭沫若一起参加过12次国际会议的朱子奇回忆说：郭老的讲话，击中要害、文采飞扬，又生动幽默，轰动了西方舆论，被誉为"中国的精神原子弹！"[1] 冰心说：

> 我有幸地几次在郭老领导之下，参加了国际的会议，听到了郭老精采风趣的即席发言，更时常在招待国际友人的场合，看见郭老在友人的敦恳围观之下，欣然命笔；郭老在发言写字时都是逸趣横生，笔花四照，以美妙的语言文字艺术，把团结人民，教育人民，打击

---

[1] 郭庶英：《我的父亲郭沫若》，第116页。

1952年12月，郭沫若（前排右三）在维也纳参加世界和平大会期间向游行群众致意

敌人，消灭敌人的革命政治内容发挥得恰到好处，这一点我感到是可学而不可及的！①

巴金在回忆中则这样写道：

不少文化界、知识界的同志跟他一起参加过各种国际会议。在反帝、反殖、反修的国际斗争中，他始终坚持毛主席的革命路线，

① 冰心：《悼郭老》，《悼念郭老》，三联书店，1979年，第48页。

团结最大多数，受到普遍的尊敬。他那豪放、热情的谈话和演说打动了五大洲人士的心。人们常常讲："你们的郭沫若！"我跟他一起参加过一九五〇年在华沙召开的二届保卫世界和平大会和一九五五年在新德里召开的亚洲国家会议，我因为有这样一位"团长"而感到自豪。在国际斗争的讲台上他的声音十分洪亮。在他身上人们看到了战士、诗人和雄辩家、智慧、才能、气魄、热情和谐的结合在一起。[1]

频繁的出国访问和外交活动，一方面牺牲了天伦之乐，另一方面十分辛苦。当时交通不便，高龄的郭沫若经历了难以想象的艰辛。女儿郭庶英回忆说，"父亲很忙，我们常常见不到他，不知道为什么他那样频频出国，有时回来的箱子基本没动，又随着父亲出行了。"[2] 出国访问常常火车、飞机兼用，航班又经常延误。有时半夜两点半转机，有时三点到达，四五点又要赶赴机场。有一次郭沫若去维也纳，中午12点到乌兰巴托，直到半夜两点半才转上飞机。当地气温在摄氏零下40度以下。从乌兰巴托起飞，又得转好几趟飞机才到达目的地。60多岁的郭沫若脚都肿了，只能用热水袋敷。

郭沫若在历次外交场合坚持原则、风趣幽默，取得了丰硕的外交成果。郭沫若对于中华人民共和国人民外交的贡献，将永载史册。

---

[1] 巴金：《永远向他学习》，《悼念郭老》，第23页。
[2] 郭庶英：《我的父亲郭沫若》，第119页。

后记

这本小册子,是时任中国博物馆协会文学专业委员会领导傅光明、周立民、王秀涛诸位先生策划、约稿并赞助出版的。本书写作过程中得到郭沫若纪念馆的大力支持。时任馆长赵笑洁同志审读了书稿,并提出了修改建议。

原馆长郭平英老师在国外度假期间就书稿提出了很多宝贵意见,还提供了部分图片,并授权我使用有关郭沫若的文献图片资料。马毅先生是摄影家,本书第二部分的很多照片是他拍的,囿于体例没有具体署名。我在此特别向他表示感谢。

我从2011年到郭沫若纪念馆工作,在那里度过了12年时光,留下了许多珍贵的回忆。书中很多照片,都是我朝夕相处之景,有着深厚的感情。这本书,算是我对它的献礼和对我12年青春的纪念。

李斌

2018年8月15日

2021年11月4日 修改

2024年7月8日 改定